Peter Mt. Shasta

ICH BIN

Der Schlüssel zur Meisterschaft

Bibliografische Information der Deutschen Nationalbibliothek:
Die Deutsche Nationalbibliothek verzeichnet diese Publikation in der Deutschen Nationalbibliografie; detaillierte bibliografische Daten sind im Internet über http://dnb.dnb.de abrufbar.

www.ich-bin-lehre.com
www.i-am-teachings.com

Titel der Amerikanischen Originalausgabe:
I AM the Key to Mastery
Übersetzung: Reinhold Köglmeier
Lektorat, Korrektorat: Susanne Meyer

Printed in Germany
Herstellung und Verlag:
BoD – Books on Demand, Norderstedt

ISBN 9783746036786

Der Aufgestiegene Meister Saint Germain als Bild,
das Er für Godfre Ray King präzipitierte

Wie dieses Buch entstand

Dies war ursprünglich eine Sammlung von Niederschriften von Vorträgen, die ich über einen Zeitraum von zehn Jahren gehalten habe. Um diese Vorträge als Buch verfügbar zu machen, habe ich nach Möglichkeit alle umgangssprachlichen Ausdrücke und Wiederholungen entfernt, um es leichter lesbar zu machen. Dadurch ist der Text formal nicht so geordnet wie bei einem Buch, das als solches konzipiert wurde. Das ist seine Art.

Danksagung

Ich danke Reinhold Köglmeier für die Übersetzung ins Deutsche und Susanne Meyer für das Lektorat und die Umsetzung der Veröffentlichung.

Wer bist du?

– Neem Karoli Baba zu Peter Mt. Shasta

Naini Tal, Indien 1971

Meditiere auf ICH BIN

– Sathya Sai Baba zu Peter Mt. Shasta

Puttaparthi, Indien 1972

Du bist das

(Sanskrit: *Tat Twam Asi*)

– Veden[1]

ICH BIN Gott

(Sanskrit: *Aham Brahmasmi*)

---

1 Die Veden sind mündliche Lehren der *Rishis,* jener erleuchteten Wesen, die nach der Zerstörung einer voran-
gegangenen Zivilisation (*Pralaya*), zu Beginn eines neu-
en Zeitalters spirituelle Lehren geben. Gelehrte glauben, dass einige dieser mündlich überlieferten Schriften
älter als 7000 Jahre v. Chr. sind, und erst vor 2000 bis
200 Jahren v. Chr. schriftlich abgefasst wurden.

So wie reines Wasser in reines Wasser gegossen eins wird, so ist es auch mit dem Selbst eines erleuchteten Wissenden.

– Katha Upanishad

Das Selbst ist feiner als das Feine, größer als das Große; Es wohnt im Herzen eines jeden lebenden Wesens. Jener, der frei ist von Begierden und frei von Kummer, mit dem Geist und den Sinnen ruhig, schaut die Herrlichkeit des Gott-Selbst (Atman).

– Katha Upanishad

Die höchste Meditation ist auf Tejobindu (Jyoti), der Lichtpunkt des Selbst, der im Herzen weilt, der Geber von Freude und Friede, was alles transzendiert.

– Tejobindu Upanishad

ICH BIN Bewusstsein....ICH BIN nicht-duale reine Form, absolutes Wissen, absolute Liebe....ICH BIN Atman (ICH BIN-Gegenwart), das sich selbst als Satchidananda offenbart, reines Sein, Bewusstsein und Glückseligkeit.

– Tejobindu Upanishad

INHALTSVERZEICHNIS

Kapitel 1

Bin ich erleuchtet?

Es gibt ein altes Sprichwort:

Jene die wissen, reden nicht,
jene die reden, wissen nicht.

Obgleich das nicht in allen Fällen wahr ist, steckt in dieser Aussage viel Wahrheit. Viele Menschen betrachten sich als erleuchtet, und sie sind so überzeugt davon, dass sie nicht aufhören können, davon zu sprechen. Tatsächlich reden viele dieser selbsternannten Buddhas ununterbrochen. Ist das tatsächlich Erleuchtung?

Viele Menschen haben eine Gotteserfahrung, haften aber noch ihrem Ego an, mit all seinen ungelösten Begierden und emotionalen Anhaftungen. Doch sie halten an ihren vorübergehenden Erfahrungen und ihrer erweiterten Wahrnehmung fest, und glauben, vollständig erleuchtet zu sein. So einfach ist es nicht.

Was ist Erleuchtung? Im wörtlichen Sinne heißt das, mit Licht erfüllt zu sein. Wenn aber jede Zelle deines Wesens vollständig mit Licht erfüllt wäre, würdest du dich entmaterialisieren und das erlangen, was man in Tibet den Regenbogenkörper *(Jalus)* nennt und im Westen den Aufstieg. Materie ist eine Illusion, wie Einstein sagte, alles ist einfach Energie, Schwingung und Gedanke. Wenn du das in jeder

Faser deines Wesens weißt, bist du Meister über die Welt der Illusion – und dann gibt es bestimmt keinen Wunsch, darüber zu diskutieren. Das ist der Grund, warum wahrhaft erleuchtete Wesen dem Schweigen den Vorzug gaben. Nachdem Buddha Erleuchtung erlangt hatte, wanderte er umher und blieb unbekannt, bis ihm der Gott Brahma erschien und ihn bat, andere zu unterweisen.[2]

Ramana Maharshi, ein Yogi, der auf dem Berg Arunachala im südlichen Indien Erleuchtung erlangte, bewahrte Stillschweigen und kommunizierte nur gelegentlich mit einer Tafel. Selbst dann war das, was er sagte, oft eine Frage: *Wer ist es, der fragt?* Er redete nicht fortwährend über seine spirituellen Erfahrungen, um Anhänger zu gewinnen.

Die großartigen Yogis, die ich in Indien kennenlernte und von denen einige Meister waren, redeten überhaupt nicht. Neem Caroli Baba Maharajji, der Guru von Ram Dass, und viele andere Amerikaner redeten sehr wenig, und seine hauptsächliche Unterweisung war, *Liebe die Menschen und speise sie.*

Warum reden die meisten erleuchteten Menschen nicht? Weil es über die Erfahrung völliger Leerheit (Samskrit: *shunyata*) fast nichts zu sagen gibt, was für den erleuchteten Zustand bezeichnend ist. Die eine Sache, die Maharajji und

---

2   Man weiß eigentlich wenig über das wirkliche Leben von dem, der als der Buddha bekannt ist.

andere große Yogis seit Anbeginn der Zeit über Erleuchtung sagten, ist: *Sub Ek* (Sanskrit): Alles ist Eins.

Das bedeutet jedoch nicht, dass nicht doch etwas über den Pfad zur Erleuchtung gelehrt werden kann. Es gibt viele Wege, einige zweckmäßiger als andere, je nachdem, wo sich das Individuum auf dem Pfad des Erwachens befindet. Für mich war es Hatha Yoga, das mich auf meinem Pfad des Erwachens initiierte, und mich zur formalen Meditation auf den Atem führte, zur Selbst-Untersuchung in die Natur des Selbst, und zur Betrachtung des inneren Lichts, zur Meditation auf *Ich Bin das Ich Bin,* und so weiter.

Einer meiner größten Augenblicke des Erwachens geschah, während ich Pferdemist schaufelte, als ich spontan *Satchidananda* erlebte – Sein, Bewusstsein und Glückseligkeit, frei von allem Selbstempfinden. Aber ich kann das kaum als Pfad empfehlen. Für manche Menschen, die Eltern werden, mag dies ihr Pfad zu diesem Bewusstseinszustand sein.

Ich würde jenen, die sich erleuchtet fühlen, raten, zu beobachten — Wer ist es, der fühlt, das Ende des Pfades erreicht zu haben? Und wer ist es, der die Notwendigkeit empfindet, dies anderen gegenüber zum Ausdruck zu bringen?

Wer ist erleuchtet?
Wer beobachtet die Erleuchtung?

Wer möchte darüber sprechen?

Dieser Vorgang der Selbstbeobachtung wird dich schließlich zum Wirklichen Selbst bringen, zu Jenem, Über Den Nichts Gesagt Werden Mag. Nichts kann über es gesagt werden, weil *Es* nicht in Worte zu fassen ist. Ein guter Lehrer kann nur in die richtige Richtung weisen, aber du bist es, der in diese Richtung gehen, der dem Pfad folgen muss.

Darüber hinaus, und das ist für manche erschreckend, ist Erleuchtung nicht das Ende des Pfades. Es gibt viele Yogis, die in einem früheren Leben Erleuchtung erlangt hatten, und dann zu einer Verkörperung auf die Erde zurückkamen. Warum? Weil sie kein Mitgefühl für andere entwickelt hatten, noch Meisterschaft erlangten. Sie waren nur mit ihrem eigenen Erwachen beschäftigt, mit ihrer eigenen Befreiung und Glückseligkeit – nicht mit der Befreiung ihrer Mitleidenden. Wenn du auf dem Pfad fortgeschritten bist, wirst du das Leiden der Menschheit fühlen, und die Ursachen dieses Leidens abschwächen wollen. Dieses Mitgefühl ist es, wo der Pfad der Meisterschaft beginnt.

KAPITEL 2

Östliche Spiritualität kommt in den Westen

Die Lehren darüber, wie man das innere Gott-Selbst findet, wurden durch die Inspiration und Führung von jemandem gegeben, der als Saint Germain bekannt ist. *Der Mann, der alles weiß und niemals stirbt,* wie er von dem Philosophen und Schriftsteller Voltaire beschrieben wurde. Als ein Meister, der seinen physischen Körper in einen Lichtkörper erhoben hat, gab er eine Reihe von Lehren in den 1930ern durch Guy Ballard (Pseudonym: Godfre Ray King), wo er Anleitungen dazu gab, wie das Individuum Gott in seinem Inneren finden kann. Er vermittelte auch, wie man diese Gott-Gegenwart herbeiruft, um die Manifestation der eigenen Gedanken durch die Worte *ICH BIN* herbeizuführen. Alle Gedanken, Gefühle und Worte, die dem *ICH BIN* folgen, bestimmen, was man ins Dasein bringt. Diese Schlüssel zur Meisterschaft wurden als Bestandteil des Bewusstseins der Selbstermächtigung gegeben, das die Meister zu jener Zeit an die Menschheit zu übertragen begannen. Vorher beherrschte die jüdisch-christliche Tradition das westliche religiöse Denken.[3] Diese ersten Schlüs-

---

3   Die Lehren vom Gebrauch des "ICH BIN" sind in den Worten von Jesu im Neuen Testament in Affirmationen verborgen wie: ICH BIN das Licht, das jeden erleuchtet, der in die Welt kommt.
Dieser Aspekt der Lehre von Jesus findet sich in: Peter Mt. Shasta, *ICH BIN der Lebendige Christus, Die Leh-*

sel waren nur der Beginn der Einweihung des Westens in lange verborgene spirituelle Lehren aus dem Fernen Osten.

Buddhismus und Taoismus wurden in den Vereinigten Staaten von chinesischen Einwanderern Mitte des achtzehnten Jahrhunderts eingeführt. Mit der Gründung der Theosophischen Gesellschaft 1875 durch Helena Petrovna Blavatsky begann das Neue Zeitalter der Selbsterkenntnis und spirituellen Ermächtigung. Durch diese Gesellschaft begannen die Aufgestiegenen Meister El Morya, Kuthumi, Saint Germain und andere, die östlichen spirituellen Lehren für die Öffentlichkeit freizugeben, die lange geheim gehalten worden waren, oder nur in okkulten Kreisen diskutiert wurden.

1893 wurden weitere östliche Lehren im Westen von Swami Vivekananda im 'Parlament der Weltreligionen' in Chicago eingeführt. Er zitierte die *Shiva Mahimna Stotram:*

So wie die verschiedenen Ströme ihre Quelle an verschiedenen Orten haben und sich ihre Wasser im Meer vermischen, so, Oh Herr, führen die verschiedenen Pfade, die der Mensch durch verschiedene Neigungen nimmt, so verschieden sie erscheinen mögen...alle zu Dir. Wer auch immer zu Mir kommt, gleich durch welche Form,

---

ren von Jesus, BoD, 2017.

ich erreiche ihn; alle Menschen kämpfen sich durch Wege, die am Ende zu Mir (Gott) führen.

Eine weitere größere spirituelle Infusion fand 1920 statt, als Paramahansa Yogananda die Vereinigten Staaten besuchte. Er gründete bald die Self-Realization Fellowship, die die Lehren des Yoga und *Vedanta*[4] verbreitete. Da sein Buch, *Autobiographie eines Yogi,* mit seinen vielen phänomenalen Geschichten von den Mystikern Indiens so viele Menschen in seinen Bann zog, wurde das Interesse an östlichen Lehren weit verbreitet.

Es gab viele andere weit fortgeschrittene Wesen, die spirituelle Lehren als Teil des allgemeinen Erwachens des Bewusstseins im Westen offenbarten, darunter Rudolf Steiner, George Gurdjieff, Peter Ouspensky, Alexandra David-Néel, Omraam Mikhaël Aïvanhow, und der Dalai Lama.

Andere Lehrer, die die alte Weisheit in den Westen brachten, waren Alice Bailey, Annie Besant, William Quan Judge, Jiddu Krishnamurti, Shunryu Suzuki, Alan Watts, and Chögyam Trungpa Rinpoche.

Krishnamurti wurde von Theosophen aufgezogen, damit er der neue Weltlehrer, ein Christus,

---

4 Vedanta ist das Weisheitswissen, das den Weisen im alten Indien offenbart wurde, und das später in Textform, in den Veden, aufgezeichnet wurde. Die grundlegende Lehre ist, in sich selbst nachzufragen, was ist es, durch dessen Kenntnis man auch alles andere kennt?

werde, aber er lehnte diese Rolle ab. Stattdessen ermunterte er seine Anhänger, die Wahrheit in sich selbst zu suchen – und half den Menschen, sich von der sklavischen Verehrung von Gurus abzuwenden, und stattdessen Selbsterkundung zu betreiben.

In den 1930ern und den folgenden Jahrzehnten wurden positive Aussagen, sogenannte ICH BIN-Affirmationen, mündlich wiederholt, jedoch hauptsächlich durch den Willen und mentale Kraft, anstatt durch spirituelles Bewusstsein. Auch wenn Saint Germain im ersten Kapitel von *Enthüllte Geheimnisse*[*] Anleitungen zur Meditation gab, praktizierten nur wenige die Methode. Die Menschen haben nun erkannt, dass, wenn eine Affirmation von einem höheren Bewusstsein aus gesprochen wird, welches die Liebe der Quelle enthält, eine größere Kraft angerufen wird. Diese Verbindung mit der Quelle ist nur durch Beruhigung des Geistes und Klärung der Emotionen zu erlangen, was in der Meditation durch Selbstbeobachtung geschieht. Nur dann kann das Individuum beginnen, Meisterschaft im alltäglichen Leben zu manifestieren.

Dieser Fluss des östlichen Mystizismus setzte sich 1961 mit der Ankunft von Maharishi Mahesh Yogi in den Vereinigten Staaten fort. Nachdem die Beatles ihn in Indien besucht hatten, wurde seine Transzendentale Meditation verbreitet

---

[*] Godfre Ray King, *Unveiled Mysteries*, Saint Germain Series, Vol. I, 1934; im Deutschen gibt es mehrere Übersetzungen, s. z.B. BoD, 2020.

praktiziert, und die Worte ‚Guru‘, ‚Meditation‘, ‚Nirvana‘ und ‚Erleuchtung‘ waren bald in den Massenmedien im Gespräch. Hatha Yoga wurde allmählich beliebt, besonders nachdem der heilig aussehende Swami Satchidananda das Eröffnungsgebet beim Woodstock-Festival mit den Worten gab:

Amerika hilft allen auf dem materiellen Gebiet, aber es ist nun die Zeit gekommen, dass Amerika der Welt auch mit Spiritualität helfe.

Der frühere Harvard-Psychologie-Professor Richard Alpert, später als Ram Dass bekannt, leitete auch ein Massenerwachen bei Amerikas Jugend ein. Er experimentierte mit der klinischen Anwendung von Psilocybin, um Neurosen zu lindern. Auf der Suche nach einem Weg, durch natürliche Mittel spirituelle Einsichten zu erlangen, was viele durch LSD und pflanzliche Entheogene (Substanzen, die ein Bewusstsein von *Theo* — Gott — herbeiführen) erfuhren, ging er 1967 nach Indien. Seine Geschichte der Transformation durch das Finden seines Guru, Neem Karoli Baba, wurde zur Inspiration für eine ganze Generation der amerikanischen Jugend. Sein Buch, *Be Here Now*,[5] veröffentlicht von der Lama Foundation 1971, wurde sofort ein Bestseller, da es die jüngere Generation, die Meditation praktizierte und bezüglich der Existenz alternativer Realitä-

---

5   Ram Dass; *Sei jetzt hier: Ein dreiteiliges Handbuch für die Reise ins Innere Zentrum,* Sadhana, 2022.

ten und höherer Bewusstseinszustände erwachte, direkt ansprach.

Als die chinesischen Kommunisten 1950 in Tibet einfielen, flohen viele hoch verwirklichte Lamas aus dem Land und brachten den tibetischen Buddhismus mit sich. Dies erfüllte die Prophezeiung von Padmasambhava, die er 1250 Jahre zuvor gemacht hatte: *Wenn der eiserne Vogel fliegt und Pferde auf Rädern laufen, wird das tibetische Volk wie Ameisen über die Oberfläche der Erde verstreut werden, und der Dharma wird in das Land des Roten Menschen gehen.*[6]

Der tibetische Buddhismus begann in Amerika verbreitet studiert und praktiziert zu werden. Einer der herausragendsten dieser Lehrer war der tibetische Lama Chögyam Trungpa Rinpoche. Er studierte an der Universität Oxford, und heiratete eine Engländerin, was ihn befähigte, mit der Generation der Hippies fließende Konversation zu betreiben – während er gleichzeitig fortgeschrittene spirituelle Konzepte übermittelte. Er initiierte die Gründung vieler Meditationszentren in der ganzen Welt, und machte die Techniken des buddhistischen Geistestrainings auf Englisch verfügbar, frei von religiöser Terminologie, Dogmen und den Insignien tibetischer Kultur.

---

6   Um ihrer Zerstörung vorzubeugen, versiegelte Guru Rinpoche unzählige Lehren nicht nur an physischen Orten, sondern übertrug sie auch in den Geist einiger ausgewählter Anhänger, um in der Zukunft offenbart zu werden, die jetzt da ist.

In Zusammenhang mit dieser Erweiterung des westlichen Bewusstseins forderte Saint Germain mich auf, die westliche Spiritualität durch Eingliederung der alten Weisheit und Praktiken des Fernen Ostens zu erweitern. Seine Einführung des ICH BIN im Jahre 1930 war nicht als das letzte Wort in Sachen Spiritualität intendiert, sondern als Einleitung dazu, was folgen sollte. Fortgeschrittenere Lehren in Meisterschaft werden hier jenen gegeben, deren Geist offen und empfänglich ist.

KAPITEL 3

Ursprung des „ICH BIN"

Vor dem Bewusstsein des ICH BIN war das Bewusstsein des ICH, des Höchsten Selbst, das der Ursprung aller Dinge ist. Vor dem Bewusstsein Dieses ICH war Reines Sein, das Bewusstsein, das als Satchidananda erfahren wird, aus dem Sanskrit übersetzt als Wahrheit, Bewusstsein und Glückseligkeit. Dieser Zustand reinen Seins kommt zustande nach einem großen Zeitraum, den die Veden *Kalpa* nennen, von denen jeder 4,32 Millionen Jahre währt. Dann beginnt erneut ein weiterer Kalpa mit dualistischer Schöpfung. Diese Zyklen sind wie Tage und Nächte Gottes. Indem Gott zu einem neuen Tag erwacht und selbstbewusst wird, manifestiert sich dieses Bewusstsein als Klang des kosmischen *OM* (Sanskrit: *Pranava*). Das Höchste Selbst erwacht zu dem Gefühl des Selbst, dem ewigen *ICH*. Aus diesem *ICH* treten die sieben Strahlen hervor – die sieben Aspekte des Bewusstseins, die sich auf der Erde sichtbar als die Farben des Regenbogens manifestieren. Diese sieben Aspekte nehmen die Form von sieben kosmischen Meistern an, die *Saptarishis* (Hebräisch: *Elohim*). Wenn Gott (Sankrit: *Brahman*) voll erwacht, kann das Höchste Bewusstsein sagen, *ICH BIN*. Dies ist das Wort, das alles erschafft, was ist. *ICH* ist Bewusstsein des Selbst – *BIN* ist der Ausdruck des Schöpfungsdranges, und bringt die duale Natur

Gottes als Vater und Mutter zum Ausdruck. Auf diese Weise entwickelt sich aus der Quelle, wo es kein Ego gibt, die Wahrnehmung des Selbst, dann die Wahrnehmung des anderen. Sogar in diesem anfänglichen Bewusstsein wird das Andere noch als eine Ausstrahlung des Selbst erkannt. Mit anderen Worten, wie es eines der großen Sprichworte der Veden sagt: *Tat Twam Asi:* Du bist das! (Alles, was ist, bist du). Saint Germain regt uns dazu an, auf diese selbe Wahrheit zu meditieren:

ICH BIN hier, ICH BIN dort, ICH BIN überall.

Während das Bewusstsein der Quelle zunehmend zahlreiche und dichte Formen annimmt, verschwindet das ursprüngliche Bewusstsein des Selbst als Gott – und Einssein beginnt, sich mit dem illusionären Selbst zu identifizieren. In der *Bhagavad Gita* versucht Krishna, der Avatar Gottes, den Prinzen Arjuna zur Allgegenwart Gottes zu erwecken und sagt:

ICH BIN in der Blume...wie auch in dem blinkenden Stern...ICH BIN das Selbst, und befinde mich im Herzen aller Wesen! ICH BIN der Anfang, die Mitte und auch das Ende aller Wesen...ICH BIN die Quelle von allem; aus Mir entwickelt sich alles. Der weise Mensch versteht das, und meditiert daher auf Mich.

Die ICH BIN-Aussagen, die Jesus im Neuen Testament zugeschrieben werden, waren alte Wahrheiten, die Jesus auf seinen ausgedehnten Reisen in Indien in Erfahrung brachte, die allerdings erst hunderte Jahre später als Buch niedergeschrieben wurden, als Kaiser Konstantin die Anfertigung der Bibel in Auftrag gab. Im *zweiten Buch Mose* (Exodus), wo Moses Gott fragt, wie er Ihn nennen solle, wird berichtet, Gott habe gesagt: *Ayeh Asher Ayeh.* Dies wurde in der modernen Bibel inkorrekt übersetzt als *ICH BIN, der ICH BIN.* In der hebräischen Sprache, in der dies ursprünglich geschrieben wurde, ist die Bedeutung, *Ich werde sein, was Ich sein werde.* Mit anderen Worten, *Ich werde auf jeden Namen antworten, ganz gleich in welcher Form er mich anruft.* Das ist eine Lehre des *Tantra* (ungebrochenes Bewusstsein), dass du Gott mit jedem Namen, in jeder Form, anrufen kannst, und so mit dieser Gottheit verschmelzen kannst, um Göttliches Bewusstsein zu erfahren. Indem du dies tust, erlangst du das Bewusstsein deines Selbst als Gott zurück. Beim Praktizieren von Tantra verschmilzt du mit der von dir gewählten Form von Gott, und erlangst dein angeborenes Kosmisches Bewusstsein zurück.[7]

---

[7]   Mehr über Tantra und wie man die Violette Flamme anruft, findest du in meinen Büchern: *ICH BIN die Violette Tara, Göttin der Vergebung und Freiheit,* BoD, 2020, und *ICH BIN die Violette Tara in Aktion, Unterricht in Meisterschaft,* BoD, 2021.

Diese Erkenntnis wurde übermittelt von Joseph Benner, in seinem 1914 erschienenen Buch, *The Impersonal Life.** Wahrscheinlich hat Guy Ballard hier erstmals Bekanntschaft mit dem gemacht, was er später die ICH BIN-Lehren nannte. Er studierte auch Theosophie und war mit Baird T. Spalding befreundet, dem Autor von *The Life and Teachings of the Masters of the Far East,** wo über die Aufgestiegenen Meister und Ihre Lehren berichtet wird.

Viele heutige Schüler des Buddhismus sind schockiert, wenn ein Lama sagt, *Du musst die Empfindung von ‚ICH'* zerstören. Der Lama will damit sagen, dass es gilt, die Identifikation des Ego mit dem Selbst zu zerstören. In den tantrischen Lehren des Buddhismus findet man dennoch den Ausdruck *ICH BIN* (gefolgt von dem Namen jenes Gottes, der angerufen wurde). Die Gottheit ist ein Spiegel eines Aspektes deines Wahren Selbst – der ICH BIN-Gegenwart.

Einssein ist nicht nur unser Ursprung, sondern das Ziel, zu dem wir einmal zurückkehren werden. Die Verbindung mit dem Bewusstsein unseres Wahren Selbst ist notwendig, damit ICH BIN-

---

* Joseph Benner, *Das Unpersönliche Leben,* Verlag: Dem Wahren, Schönen, Guten, 1983.

* Baird Spalding, *Leben und Lehren der Meister im Fernen Osten:* Band 1-3, Schirner, 2004.

Affirmationen wirklich erfolgreich sein können. Ohne diese Verbindung, ohne die Liebe zur Quelle, sind Affirmationen einfach nur Worte, ermächtigt vom Willen des Ego, das versucht, die gewünschten Veränderungen zu erzwingen – ohne Bezug zum Göttlichen Plan, den das Gott-Selbst hegt. Die Lehren in den 1930er Jahren haben die Notwendigkeit der Meditation, der Introspektion und Selbstuntersuchung nicht herausgestellt, in der Hoffnung, negative Tendenzen könnten allein durch den verbalen Gebrauch von Affirmationen beseitigt werden. Diese negativen Tendenzen, verkörpert als selbst erschaffene Gedankenformen, werden zum 'Hüter der Schwelle', einer Entität, die einen Menschen von Leben zu Leben verfolgt, bis diese durch bewusste Selbstuntersuchung und Anrufung der Violetten Flamme aufgelöst wird.[8] Dieser Hüter versucht das menschliche Handeln zu beeinflussen, und bezieht seine Nahrung aus den erzeugten negativen Emotionen.[9] Diese gewohnheitsmäßigen Gedanken- und

---

8   Das Violette Feuer ist die stärkste reinigende Qualität von Licht, welches in der Meditation angerufen wird, indem man Liebe an das Gott-Selbst ausströmt, während man gleichzeitig blendendes Violettes Licht visualisiert. Dieses ätherische Feuer löst alle negative Energie und verwandelt und reinigt alles, was es berührt. Es ist eine natürliche Qualität des Bewusstseins. Die Lehren darüber wurden der Menschheit in den 1930er Jahren von Saint Germain durch Godfre Ray King offenbart.

9   Der Hüter der Schwelle ist ein westlicher Terminus, der auch von Rudolf Steiner gebraucht wurde, der den Hüter der Schwelle als eine astrale Entität beschreibt. Dieser setzt sich aus Energien zusammen, die im Sanskrit

Energiemuster des Hüters können nur durch Selbstbeobachtung, durch Anrufung des Lichts des Bewusstseins, und insbesondere durch aktiven, dynamischen und beständigen Gebrauch des Violetten Verzehrenden Feuers geklärt werden. Nur dann, wenn man aufhört, sich mit dem falschen Selbst zu identifizieren, das die Ursache von Leid ist, erlangt man Befreiung und unterbricht den Kreislauf endloser Wiederverkörperungen.

Die ICH BIN-Gegenwart, das Gott-Selbst, das über jedem Menschen weilt, kann in jedem Augenblick im Herzzentrum, wo es verankert ist, kontaktiert werden. Diese Gegenwart ist die Kraft, die uns unterhält und belebt, und von der wir niemals getrennt sind. Um Gottes Antwort auf unsere Gedanken zu hören, ist es notwendig, zuerst unseren Geist zu beruhigen. Dies geschieht, indem man seine Aufmerksamkeit nach innen, der Ungespeisten Flamme (im Sanskrit bekannt als *Jyoti* oder *Tejobindu*) zuwendet.

Um das niedere Selbst zu reinigen, muss dieses Selbst zuerst beobachtet werden. Durch Meditation ist man in der Lage, die Illusionen des

---

Vrittis oder Kleshas genannt werden – es ist die Quelle der gegensätzlichen Emotionen und Stimmen, die manchmal hochkommen, wenn man versucht, das Denken zu beruhigen. Es ist eine tatsächliche Persönlichkeit, die einem von Leben zu Leben folgt, bis sie konfrontiert und bewusst aufgelöst wird. Der Hüter spielt in dem Buch *Zanoni*, von Edward Bulwer-Lytton, 1842, eine tragende Rolle.

Ego zu beobachten und aufzulösen, und sich von den unbewussten Motivationen zu befreien, die einen Leben um Leben zurückbringen. Selbstbeobachtung und Meditation müssen in das tägliche Leben eingegliedert werden, um Meisterschaft zu erlangen. Es geschieht in der Beziehung mit anderen Menschen, dass diese Illusionen, die der Auflösung bedürfen, aufsteigen und leichter erkannt werden können.

Eine einfache Meditation[10]

Eine grundlegende und kraftvolle Art zu meditieren ist, zuerst Stille (Pali: Shamatha) zu erlangen. Diese Empfindung von Frieden kann einfach dadurch erlangt werden, dass man das eigene Atmen beobachtet. Wende deine Aufmerksamkeit nach innen und fühle das Einatmen und Ausatmen, und der Fluss der Gedanken beginnt sich zu verlangsamen. Benenne diese Gedanken einfach als 'Gedanke', und erlaube ihnen, sich aufzulösen. Dann richte deine Aufmerksamkeit wieder auf die Atmung. Allmählich verweilt dein Geist zwischen den Gedanken – in einem Zustand der Leerheit. Erlaube deinem Geist, sich nach außen in den Raum zu erweitern, und mit bedingungslosem Gewahrsein zu verschmelzen. Das Bewusstsein eines persönlichen Selbst löst sich

---

10   Diese Methode ist noch einmal in etwas anderer Form unter Vipassana auf Seite 121 gegeben.

in reines Sein auf. Auch wenn es zunächst so erscheinen mag, als ob nichts geschehe, so werden nach einer Weile Augenblicke transzendenten Bewusstseins aufkommen, und diese werden an Tiefe und Dauer zunehmen.

Der zweite Schritt bei dieser Meditation ist die Selbsterkundung, im Sanskrit bekannt als *Vipassana*. Nachdem man zuerst ein Gefühl der Ruhe erlangt hat, fragt man innerlich, *Wer bin ich?* Genauer, *Wer ist der Beobachter?* Oder vielmehr, *Was ist der Beobachter?* Dies fördert die Übertragung der Aufmerksamkeit vom menschlichen Selbst auf das Göttliche Selbst. Beobachte die Anhaftung an sich wiederholende Gedankenmuster und folge ihnen zu ihrer Quelle – wo sie sich auflösen.

Um Herrschaft über die Welt zu haben, brauchen wir zuerst Herrschaft über uns selbst. Denn, damit es Weltfrieden gibt, müssen wir zuerst inneren Frieden erlangen. Damit es Liebe gibt, müssen wir zuerst Selbstliebe besitzen. Mit Selbstliebe meine ich nicht die Liebe zum Ego oder zur Persönlichkeit, sondern Liebe zum Wahren Selbst, deren Brennpunkt in dem Brennpunkt, den wir das Herz nennen, dem *Jyoti,* unter dem Brustbein, zu spüren ist. Dies ist ein erweiterter Pfad zur Meisterschaft für diejenigen, die anderen dienen wollen.

KAPITEL 4
Die Gegenwart kontaktieren
Aus einem Vortrag vom 27. Februar 2021

Der Kern der Lehre von Saint Germain ist, dass Gott dein Höheres Selbst ist – die ICH BIN-Gegenwart. Zweitens lehrt er, wie man diese Gott-Gegenwart in Aktion ruft, mit den Worten *ICH BIN*. Du bist nicht nur ein äußerer Ausdruck der ICH BIN-Gegenwart, sondern dieses Bewusstsein existiert in allem, was ist.

Als ich diese Gegenwart bei zwei Gelegenheiten sah, war ich in Ehrfurcht. Ich habe beide Begegnungen in meiner Autobiografie, Band II, *Im Dienst der Meister,* beschrieben. Beide Male wurde ich aus dem Schlaf geweckt, um die allmächtige Gegenwart über mir zu schauen, und dann begann Sie zu sprechen. Nach der ersten Begegnung gab es in meinem Geist keinen Zweifel, dass die ICH BIN-Gegenwart mehr als eine künstlerische Darstellung eines theosophischen Konzeptes war. Seitdem empfand ich eine Verpflichtung, die Wirklichkeit dieser Gegenwart zu übermitteln.

Ich möchte dir nun gerne helfen, deine eigene ICH BIN-Gegenwart zu kontaktieren, sodass du Sie umfassender in dein Leben einladen kannst. Du kannst dann mit der Göttlichen Quelle sprechen und mit Ihr Eins werden. Dabei wirst du zu einem immensen Nutzen für alle Wesen werden.

Diese Wahrheit war in fast allen Kulturen über alle Zeiten hinweg bekannt.

In Indien kennt man diese Gegenwart als *Atman*, im tibetischen Buddhismus als *Dharmakaya* (der Körper des Dharma). Die Tibeter nennen den mittleren Körper (den Höheren Mental-Körper oder das Christus-Selbst) Sambhogakaya, während der physische Körper *Nirmanakaya* genannt wird. Eingeweihte haben dies immer gekannt. Es war das Werk von Saint Germain, die Wirklichkeit dieser ICH BIN-Gegenwart und die verschiedenen feinstofflichen Körper der Menschheit bekannt zu machen – so dass jeder sich der Tatsache bewusst sein kann, dass er eine Verkörperung Gottes ist.

Es kommt natürlich die Frage auf, *Wenn ich ein Gott bin, warum scheine ich so viele Begrenzungen zu haben?*

Dem ist so, weil unsere Aufmerksamkeit fortwährend auf äußere Objekte, Zustände, Gedanken und Emotionen bezogen ist, die uns davon abhalten, dieses unbegrenzte Selbst zu sehen. In der Meditation wenden wir unsere Aufmerksamkeit wieder der Quelle zu, und Begrenzungen fallen ab.

Das ursprüngliche Gemälde von der ICH BIN-Gegenwart entstand durch May De Camara, eine Frau, die bei einem der Diskurse von Godfre Ray King im Publikum anwesend war. Nachdem der Diskurs beendet war, ging sie zu ihm und sagte in etwa, "Ich habe über Ihrem Kopf diese großartige Lichtkugel gesehen, die Regenbogenfarben ausstrahlte. Dann sah ich einen weiteren Körper, einen Lichtkörper, über Ihrem physischen Körper". Godfre fragte: "Können Sie das malen?"

Sie sagte, "Ich werde es versuchen".

Das ist das Gemälde, das von der Saint Germain Foundation verwendet wird, um das Höhere Selbst darzustellen, das über dem menschlichen Selbst weilt.[11] Godfre Ray King sagte, diese Abbildung sei so bedeutend, dass jeder Mensch auf der Welt eine Kopie von ihr in seinem Heim besitzen sollte.

Saint Germain wollte, dass ich darüber spreche, weil das die Essenz seines Werkes und auch unserer Arbeit ist. Wir sollten nicht so sehr davon eingenommen werden, was in unserem Leben passiert, oder in den Nachrichten, dass wir unsere Quelle vergessen. In dieser Quelle ist unsere Freiheit. *Unsere Freiheit von allen Begrenzungen liegt in der ICH BIN-Gegenwart.*

---

11 Die ICH BIN-Gegenwart wird auch in tibetischen Thankhas (Rollbildern) abgebildet, und zeigt oben die Gegenwart als *Amithabha Buddha* (Herr des Unendlichen Lichts), in der Mitte das Christus-Selbst, als *Chenrezig* (Herr des Mitgefühls), und das menschliche Selbst als einzelnes physisches Wesen, meist *Padmasambhava*, unten im Thangka.
Andere westliche Künstler haben andere Fassungen gemalt, darunter zum Beispiel eine originelle von Marius Michael-George, oder von Amorea, welche die untere Figur als eine weibliche darstellt.

Als Saint Germain mich nach Mount Shasta schickte, um bei Perl zu studieren, die jetzt eine Aufgestiegene Meisterin ist, sah ich das Bild von der ICH BIN-Gegenwart, aber ich habe es nicht so ganz ernst genommen. Ich dachte, 'Nun, man kennt das von Künstlern; sie haben eine gute Vorstellungskraft, und das ist eben eine künstlerische Interpretation deines Höheren Selbst'.

Als ich bei Pearl studierte, wachte ich nachts auf, und es standen verschiedene Aufgestiegene Meister an meinem Bett und übermittelten Lehren. Am Morgen konnte ich mich oft nicht bewusst erinnern, was sie gesagt hatten, aber es war sehr klar, das dies nicht ein Traum war. Nach einiger Zeit hörte ich eine neue Stimme, die ich nicht kannte. Nach der zweiten Nacht, wo dies geschah, sagte ich nach dem Aufwachen, "Ich möchte wissen, wer du bist, also, falls du noch einmal zu mir kommst, möchte ich, dass du dich vorstellst und mir deinen Namen nennst".

In der folgenden Nacht wurde ich von einem blendenden Licht nahe der Decke geweckt. Es war wie auf dem Gemälde von der ICH BIN-Gegenwart in *Enthüllte Geheimnisse,* nur dass es heller war als die Sonne. Es war blendend. Hellwach rief ich, "Wer bist du?"

Es antwortete:

Ich bin du! Ich bin deine eigene Gott-Gegenwart!

Dann wurde ich ohnmächtig. Am nächsten Morgen erwachte ich mit der lebhaften Erinnerung an das, was geschehen war. Das war kein Traum gewesen. Ich saß hellwach im Bett. Nun kannte ich die Wirklichkeit der ICH BIN-Gegenwart. Es ist also nicht wahr, dass niemand Gott je gesehen hat. Pearl konnte nicht nur ihre ICH BIN-Gegenwart sehen, sie konnte mit Ihr auch sprechen.

Manchmal bekommt der Schüler eine Gelegenheit, Energie an den Lehrer zurückzugeben. Eines Tages ging es Pearl nicht gut. Zu dieser Zeit lebte sie in Yreka, und ich war in Mount Shasta. Ich visualisierte mich an ihrem Bett stehend und sagte: *„ICH BIN die Gegenwart Gottes und segne Pearl"*. Dann stand ich auf, als stünde ich an ihrem Bett, und erhob meine Hände nach oben und stellte mir das Licht vor, wie es zu ihr hinunterging.

Dann sagte ich:

„ICH BIN die Heilende Gegenwart Gottes in Aktion".

Am nächsten Tag, obwohl ich ihr nichts davon erzählt hatte, fragte sie mich, "Was hast du gestern Nachmittag zu dieser Zeit getan? Ich sah dich an meinem Bett stehen, und ich fühlte mich sofort besser". Dies war eine Bestätigung, dass meine Visualisierungen und Affirmationen funktioniert hatten.

Das Erschaffen besteht aus mehreren Teilen: der Visualisation – bestehend aus Gedanke und Gefühl, dem gesprochenen Wort *(Mantra)* – und du kannst auch Gesten *(Mudra)* hinzufügen. Für die größte Effektivität müssen alle drei Aspekte zusammen angewendet werden.

Die ICH BIN-Gegenwart ist eine Lichtkugel, und die Sie umgebenden Farben sind die Weisheit und positive Energie, die du bei allen positiven Erlebnissen in all deinen Lebenszeiten erworben hast. Dies ist nicht die physische Aura, die du um deinen Kopf und um deinen Körper herum hast. Deine ICH BIN-Gegenwart ist deine spirituelle Aura. Ihr Kausalkörper ist die Gesamtsumme aus all der Liebe, Weisheit und Kraft, die du in all deinen Lebenszeiten erworben hast. Sie ist eine Sonne aus der Großen Zentralsonne, der Quelle der Schöpfung, und der Ursprung unseres Seins.[12] So ist eine der kraftvollsten Affirmationen, die du sprechen kannst:

ICH BIN ein Weißes Feuer-Wesen aus dem Herzen der Großen Zentralsonne.

---

12 Die Große Zentralsonne ist ein Ort, der ein Fokus des Bewusstseins im Herzen der Schöpfung ist.

KAPITEL 5

Die ICH BIN-Gegenwart kommt zurück

Wir sind jeder wie ein Tropfen aus dem kosmischen Ozean. Wenn man hundert Gläser Wasser aus dem Pazifischen Ozean nimmt, sind sie alle von der selben Art wie der Ozean; wenn man dieses Wasser in unterschiedlich gefärbte Gläser füllt, wird das Wasser unterschiedliche Farben annehmen. Auf ähnliche Weise haben wir alle das selbe Licht in unseren Herzen, aber es hat aufgrund unserer Erfahrungen und Entscheidungen in all unseren Lebenszeiten unterschiedliche Färbungen angenommen. Deshalb haben wir manchmal, wenn wir einer anderen Person begegnen, das Gefühl, dass man sich früher schon mal begegnet ist, dass das jemand aus unserer Familie ist. Da ist eine große Verbundenheit. Je näher wir der ICH BIN-Gegenwart kommen, dem Gott-Selbst, desto verbundener fühlen wir uns mit jedem anderen Menschen. Schließlich ist jeder die Familie Gottes.

Die mittlere Ausstrahlung, die von der ICH BIN-Gegenwart kommt, können wir das Heilige Christus-Selbst nennen, (Sanskrit: Samboghakaya), oder die Seele - die mit der ICH BIN-Gegenwart und auch mit dem menschlichen Selbst verbunden ist. Es ist ein Zwischen-Selbst, und es ist die Stimme, die zu uns spricht und die Führung von Gott übermittelt. Sie ist das Christus-Selbst zwischen dem menschlichen Selbst und dem

Gott-Selbst, das uns immer nahe ist. Wenn das niedere Selbst mit dem Christus-Selbst verschmilzt, und dann mit der ICH BIN-Gegenwart, ist das der Aufstieg. Die menschliche Persönlichkeit und die Seele lösen sich so schließlich im Gott-Selbst auf, der ICH BIN-Gegenwart, die ewig ist.

Es hat in Tibet und in China Yogis gegeben, die dies vollbrachten, indem sie den physischen Körper in den Regenbogenkörper (Tibetisch: *Jalus*) auflösten, ein Vorgang, der im Westen als Aufstieg bekannt ist. Das erfordert lebenslange Arbeit und Hingabe, und die meisten von uns im Westen haben nicht die Zeit oder diese Hingabe. Dennoch können wir, wenn wir unser Karma geklärt haben, von der ätherischen Ebene aus aufsteigen, sobald wir vom physischen Körper befreit sind. Wichtig ist, dass wir die Lektionen lernen, für die wir hier sind, und Meister auf der irdischen Ebene werden, bei vollem Zugang zu unseren höheren Körpern – Zugang zur ICH BIN-Gegenwart – jedoch noch in diesen physischen Körpern lebend, im Dienst für andere. Eine unserer Göttlichen Lektionen – das Lernen von Mitgefühl – können wir nur im Dienst für andere lernen.

Es hilft, wenn wir erkennen, dass wir nur für eine kurze Zeit hier sind. Sie erscheint lang, doch im Reich der Ewigkeit – der Spanne aller unserer Leben – ist dieses Leben im Nu vorbei. Wenn wir aus dieser Erdenerfahrung erwachen, wird es uns vorkommen wie eine traumreiche

Nacht, die wir geschlafen haben. Wir können diese Träume als solche betrachten, die wir zu erleben gewählt haben. Es war dein Wille, in die Welt der Begrenzung und Dualität zu kommen, eine Welt, in der es Leid gibt, um Mitgefühl zu erlangen. Was uns davor bewahrt, in dieses Leiden als Opfer hineingezogen zu werden, ist die Erinnerung daran, wer wir wirklich sind – die Gegenwart des Lebendigen Gottes.

Ich hatte eine zweite Begegnung mit der ICH BIN-Gegenwart. Sie ereignete sich ungefähr zehn Jahre nach der ersten. Ich stand in meinem Leben vor einer Phase, die sich als sehr schwierig herausstellen sollte – natürlich wusste ich das zu jener Zeit nicht – aber in einer Nacht wurde ich von einem blendenden Licht über dem Haus aufgeweckt. Ich konnte durch das Dach schauen, das verschwunden zu sein schien – und da war ein unglaublich blendendes helles Licht am Himmel, das auf das Haus zufiel. Ich dachte, dass ein Flugzeug explodiert war, und die Trümmer auf mich zufielen. Während es näher kam, wurde es immer heller, und ich dachte, ich würde sterben. Ich war von Angst erfüllt und dachte, 'Das war's – es ist alles vorbei!'

Ich richtete mich auf, um meinem Tod direkt zu begegnen, aber dann verschwand das Licht. Atemlos saß ich auf meinem Bett, und fragte mich, was geschah. Dann kam das Licht nach ungefähr dreißig Sekunden zurück, stärker als zuvor, und ich erkannte, dass es meine ICH BIN-Gegenwart war. Das Licht war blendend und furchterregend, nicht harmonisch und mitfühlend wie bei seiner ersten Erscheinung. Ich sah nicht das dazwischenliegende Christus-Selbst, nur das unerträglich blendende Licht meiner Gott-Gegenwart. Während es näherkam, wurde mein Körper heißer – so heiß, dass mir der Schweiß ausbrach. Ich dachte, mein Körper würde verbrennen, und ich aufsteigen.[13] Ich hatte von Fällen spontaner Selbstentzündung gehört, wo ein Körper im Bett verbrennt, und am Morgen nur ein Rest Asche zurückbleibt. Ich dachte, das würde gerade geschehen, da die Hitze fast unerträglich wurde. Schweißgebadet rief ich aus, "Warum tust du mir das an?"

Eine Stimme antwortete:

Ich möchte, dass du meine Macht spürst – dass ICH deine Gott-Gegenwart BIN und dass Ich immer bei dir bin. Ich habe die unbegrenzte Macht, alles zu tun. Vergiss das nie.

Die Gegenwart verschwand, und ich fiel zurück in mein Bett.

Seitdem erinnere ich mich, immer wenn mein menschliches Selbst Zweifel und Ängste befallen, an diese Erfahrung mit meiner ICH BIN-Gegenwart. Saint Germain hat meine Aufmerksamkeit immer wieder auf diese Erfahrung gerichtet. *Er-*

---

13 Über zweihundert Referenzen aus den letzten Jahrhunderten berichten von der Erscheinung der sogenannten spontanen Verbrennung, wobei der physische Körper fast gänzlich von Feuer verzehrt wird, aber die Umgebung von den Flammen unberührt bleibt.

innere dich an diese Erfahrung! Wir müssen zu allen Zeiten daran arbeiten, dieser Gegenwart näherzukommen.

Wenn wir die Nachrichten anschauen, kann es niederdrückend sein, und wir fühlen uns machtlos. Aber wenn du deine Aufmerksamkeit auf deine eigene Gott-Gegenwart richtest, wirst du deine grenzenlose Macht erkennen. Wer du wirklich bist, das ist die Gegenwart Gottes. Du hast diese menschliche Erfahrung gewählt, um Dinge zu lernen, aber du bist ein mächtiges, Unsterbliches Wesen. Wenn diese Lektionen vorbei sind, wirst du frei sein von diesen Begrenzungen. So ist es wichtig, diese Gegenwart in der Meditation zu fragen:

Warum bin ich hier?

Was soll ich lernen?

Dann affirmiere:

Mir wird gezeigt, woran ich in mir arbeiten muss.

Du wirst dir verschiedener menschlicher Züge und Neigungen gewahr werden, den V*rittis* und *Kleshas,* den magnetischen Eindrücken in der Aura, die dir durch Lebenszeiten hindurch gefolgt sind, und die dich in deinem Ego gefangen gehalten haben. Diese Energien sind wie Wolken in der Aura, die die Sonne der Gegenwart sperren. Rufe die Violette Verzehrende Flamme an, und dann das Schwert der blauen Flamme von Erzengel Michael, um dich von diesen Energien zu befreien, so dass du erneut das strahlende Gott-Wesen verkörperst, das du bist. Erkenne, du bist nicht durch Zufall hier. Du hast gewählt, hier zu sein. Du hast hier einen Dienst, und dieser Dienst kann in die Tat umgesetzt werden, ganz gleich wo du bist.

Du kannst bitten:

Geliebte ICH BIN-Gegenwart, zeige mir,
wie ich dem Willen Gottes
auf der Erde zu dieser Zeit am besten dienen
kann.

Oder:

ICH BIN die Auferstehung und das Leben
meiner Göttlichen Mission auf Erden,
nun voll manifestiert.

KAPITEL 6

Karma auflösen

Jeder deiner Gedanken geht hinaus und beeinflusst die Menschheit. Je mehr du meditierst,
umso mächtiger wirst du. Wir sind Meister in der
Ausbildung, und dieses Leben ist unsere Ausbil-
dungsstätte. Mir ist kein Retreat Aufgestiegener
Meister bekannt, wo du die Ausbildung bekommen kannst, die du im täglichen Leben emp-
fängst. Die Meister können dir in den Retreats
bestimmte Dinge erklären und dir ihre Energie
übertragen, aber die Lektionen in Meisterschaft
werden genau hier auf der irdischen Ebene gelernt. Eine der größten Lektionen ist, einfach in
Frieden zu sein – dich zu beobachten, damit du
nicht auf eine Situation reagierst. Es gibt diese
alte Unterweisung: Zähle bis Zehn, bevor du auf
jemanden reagierst. Du kannst zehn Atemzüge
beobachten, bevor du antwortest. Während dieser Zeit kannst du überlegen, 'Muss ich wirklich
sagen, was ich denke?' Oftmals wirst du finden,
dass du es nicht musst. Du kannst einfach sagen,
wie meine Lehrerin Pearl es oft tat, "Sei gesegnet! Danke, dass du deine Meinung mit mir
teilst". Der große tibetische Lama Dilgo Khent-
sye, entwaffnete, wenn er mit einem potentiell
störenden Kommentar konfrontiert war, den Kri-
tiker einfach dadurch, dass er sagte, "Sehr interessant". Wenn ein Gegner sich einmal angehört
fühlt, lässt er den Angriff gewöhnlich fallen.

Manche Schüler fragten: *Hast du eine Technik, um Karma aus vergangenen Leben zu beseitigen?*

Karma kann auch gutes Karma sein. Karma bedeutet einfach Aktion, und die Folgen aus dieser Aktion. Tatsächlich ist Karma in Tibet ein Frauenname, der in der Hoffnung gegeben wird, dass diese Frau Gutes tun wird. Es ist unser gutes Karma, dem wir gerade jetzt begegnen sollen.

Was die Aufhebung von schlechtem Karma betrifft, ist es das Beste, die Lektion zu lernen, die in der Aktion und deren Folgen enthalten ist. Wir müssen nicht jede karmische Schuld eins zu eins zurückzahlen. Wenn du das Leid von einhundert Menschen in einem vergangenen Leben verursacht hast, brauchst du nicht für jeden dieser Einhundert zu leiden. Wenn du die Lektion gelernt hast, kannst du weitergehen. Du könntest dich jedoch für ein zukünftiges Leben entscheiden, in dem du zurückkehrst, um einem oder mehreren jener zu helfen, die du verletzt hattest.

Der Gebrauch der Violetten Verzehrenden Flamme ist eine ausgezeichnete Möglichkeit, um Karma aufzulösen. Vergiss nicht, die Essenz der Violetten Flamme ist Vergebung. Wie Jesus sagte, *Vergebe anderen, wenn du willst, dass dir vergeben wird.*

Wenn du daran interessiert bist, auf eine andere Weise das Violette Feuer anzurufen, empfehle ich dir, meine zwei Bücher über die Violette

Tara zu lesen.[14] Sie stellen eine fortgeschrittene tibetische Vajrayana (tantrische) Herangehensweise vor, die deinen eigenen Geist transformiert, und die Violette Verzehrende Flamme zum Wohl der ganzen Menschheit herbeiruft – um Massenkarma aufzulösen und zu verzehren. Das ist ein gewaltiger Dienst. Ich praktiziere dies jeden Morgen nach dem Aufwachen und abends vorm Schlafengehen – manchmal auch während des Tages. Ich affirmiere:

ICH BIN die Violette Tara und lodere
die Violette Verzehrende Flamme
durch die gesamte Menschheit,
löse und verzehre alle negativen Zustände
und stelle für jeden die Reinheit wieder her.
Möge allen Wesen vergeben sein.

---

14 Peter Mt. Shasta, *ICH BIN die Violette Tara, Göttin der Vergebung und Freiheit*, BoD, 2020, und *ICH BIN die Violette Tara in Aktion, Unterricht in Meisterschaft*, BoD, 2021.

KAPITEL 7

Sei Gott in Aktion

Meine Mission und meine Intention ist es, die Wahrheit Gottes in jedem Menschen zu bezeugen – die Wirklichkeit des Wesens, welches als die ICH BIN-Gegenwart bekannt ist. Sie ist, Wer du bist. Verliere nicht den Glauben, wenn du sie nicht siehst. So oft rufe ich nach dieser Gegenwart, hervorzukommen, und ich würde diese blendende Kugel mit dem regenbogenfarbenen Licht über mir gerne sehen. Auch wenn ich sie nicht immer sehe, wenn ich es wünsche, so weiß ich doch, dass Sie da ist. Jedoch musst du zu unterscheiden lernen zwischen der Stimme der Gegenwart und deinem eigenen Geist, was nur durch die Selbstdisziplin der Meditation erlernt werden kann, bei der du lernst, deinen Geist zu beruhigen.

Wenn ich irgendwo hingehe, oder in allem, was ich tue, rufe ich meine Gegenwart an, über mir zu sein und durch mich zu wirken. Wenn ich meditiere, kommt Sie näher, und ich spüre, wie Ihre Energie durch meinen Körper herunterkommt. Wenn du geschützt sein willst, rufe diese Göttliche Energie an, in dich hineinzukommen. Das ist in sich eine Form von Qi Gong. Chi ist Energie. Gong bedeutet Praktik. Es ist also eine Energiepraktik.

Jeden Morgen, wenn ich meditiere...ich wache gegen vier Uhr morgens auf...gehe ich in das

Christus-Selbst hinauf, und bin mir der ICH BIN-Gegenwart über mir bewusst. Das menschliche Selbst, Peter, verschwindet – und als Christus-Selbst mache ich innere Arbeit. Ich sende dieses Licht hinaus, dorthin, wo es gebraucht wird. Allmählich beginne ich, Peter wieder gewahr zu werden, unten im physischen Körper, und ich komme langsam hinunter und zurück in das persönliche Selbst. Es ist eine gewaltige Energie, die da herunterkommt. Sie fließt in meine Beine, meine Zehen, in meine Fingerspitzen, und ich werde ein strahlendes, energiegeladenes Wesen. Das ist das Beste, was du für deine Gesundheit, dein Wohlbefinden und dein Glücklichsein tun kannst. Dein Christus-Selbst mit anderen zu teilen, ist die Tür zum Glücklichsein.

Ein guter Start in den Tag ist es, die Affirmationen in meinem Buch zu machen, *ICH BIN-Affirmationen und das Geheimnis ihrer erfolgreichen Anwendung.* Es nimmt etwa zwanzig Minuten in Anspruch, alle Affirmationen zu lesen. Wenn du das als erstes morgens tust, oder auch irgendwann tagsüber, wirst du negative Gedankenmuster loswerden und deinen Geist positiv umprogrammieren. Fühle, was geschieht, wenn du diese Affirmationen sprichst. Fühle, wie die Energie in dich strömt, dann aus deinem Herzen hinausgeht, um die Menschheit zu segnen. Hier sind einige solcher Affirmationen:

ICH BIN der Große Göttliche Direktor an diesem Tag.

ICH BIN die Befehlende, Leitende Gegenwart, die mich durch diesen Tag führt und vollkommenen Frieden, Liebe, Weisheit und Harmonie befiehlt und den perfekten Göttlichen Plan der Aufgestiegenen Meister in allen meinen Aktivitäten.

ICH BIN vollkommene Gesundheit, Vitalität, ewige Jugend, Schönheit und Vollkommenheit, für immer, durch die Kraft Gottes, die ICH BIN.

ICH BIN der Große Göttliche Direktor aller Regierungen der Erde, der alle Regierungen anweist, das Vollkommene zu tun und Frieden auf Erden zu schaffen, jetzt sofort.

ICH BIN das Göttliche Wohlergehen der Menschheit. ICH BIN Liebe und Mitgefühl, welche die Herzen aller Menschen erfüllen.

ICH BIN das Glück, das jetzt für alle Wesen hervorkommt und dafür sorgt, dass jeder das empfängt, was er in diesem Augenblick braucht.

Wenn du die Affirmationen aus diesem Buch sprichst, wird es deinen Tag verändern – und dein Leben. Du kannst dir auch eigene Affirmationen erstellen. Das ist deine Bestimmung – ein Gott in Aktion zu sein. Stell nur sicher, dass diese Affirmationen von deinem Gott-Selbst kommen, nicht vom Ego-Begehren, damit sich irgendeine Fantasie in deinem Leben manifestiere. Hier kommt die Meditation ins Spiel, um dir zu helfen, deine persönlichen Begehren an Gott abzugeben, und die Göttlichen Wünsche für dich wahrzunehmen. Gott wird dir den Göttlichen Plan für dein Leben zeigen, wenn du in der Meditation affirmierst:

Oh, Große Gott-Gegenwart, Dein Wille geschehe in und durch mich, jetzt.

Meine ICH BIN-Gegenwart zeigt mir, was ich erschaffen soll.

Jesus gab seinen Jüngern beim letzten Abendmahl zwei wichtige Gebote. Er warnte sie im Voraus, "Ich gehe bald zu meinem Vater".

Sie verstanden das nicht und antworteten, "Wer ist dieser Vater, von dem du immer sprichst? Wir sind nun seit drei Jahren mit dir zusammen, aber du hast ihn uns noch immer nicht vorgestellt. Wann werden wir ihm begegnen?"

Jesus antwortete, "Ihr versteht es noch immer nicht, oder? Nun, anstatt zu versuchen, es noch einmal zu erklären, gebe ich euch diese zwei Gebote. Versucht einfach, euch darin zu üben".

Liebt Gott von ganzem Herzen,

mit eurer Seele, und mit eurem Geist.

Liebe deinen Nächsten wie dich selbst.

Das ist wirklich guter Rat auf unserem Pfad zur Meisterschaft.

Meditation

Schließe deine Augen und kommuniziere mit der ICH BIN-Gegenwart. Setz dich und halte deinen Rücken gerade. Neige deinen Kopf leicht nach unten. Nimm einige tiefe Atemzüge. Atme nun natürlich und nimm das Ein- und Ausatmen bewusst wahr, das Heben und Senken deiner Brust. Fühle allmählich die Energie in der Mitte deiner Brust. Das ist die Stelle, wo die Heilige Flamme von der ICH BIN-Gegenwart, das *Jyoti,* in deinem Körper verankert ist. Dein Herz könnte ohne diese Energie nicht schlagen, noch könntest du einen Atemzug tun. Nun sage und fühle:

Gott atmet in mir.

Gott lässt mein Herz schlagen.

Gott lebt in meinem physischen Körper.

Wenn ich frage, *Wer bist du?,* warum zeigst du auf die Mitte deiner Brust, wenn du sagst, *Wer ich bin?* Du zeigst nicht auf deinen Kopf oder auf deine Schulter. Du zeigst unwillkürlich auf deine Brust. Du zeigst auf die Stelle etwas rechts von deinem Brustbein (über der Thymusdrüse). Dort ist es, wo die Heilige Flamme verankert ist.

Es gibt eine Lichtschnur, die von der Gegenwart hinuntergeht zu deinem Christus-Selbst – durch die Oberseite deines Kopfes und hinunter durch all deine Chakras. Das Christus-Selbst ist ein höherer Körper, der auch Höherer Mentalkörper, *Samboghakaya,* oder die Seele genannt wird. Es ist der Vermittler zwischen deinem menschlichen Selbst und dem Gott-Selbst. Es kann überall hingehen, worauf du deine Aufmerksamkeit richtest. Es ist auch dein Lehrer, das *Vajra Guru,* das im tibetischen Buddhismus erwähnt wird.

Fühle dein Christus-Selbst über dir. Nun sende Liebe zu Ihm und sprich zu Ihm:

Liebes Christus-Selbst, bitte lehre mich und hilf mir, meine menschlichen Unvollkommenheiten aufzulösen. Wandle sie um in Liebe, Weisheit, Meisterschaft und Mitgefühl. Bitte lehre mich, was ich wissen muss. Offenbare mir, woran ich arbeiten muss, damit ich der Menschheit besser dienen kann. Lehre mich jede Nacht, wenn ich zu Bett gehe, was ich wissen muss. Ich bitte darum, hinauszugehen und den Meistern in ihrer Arbeit für die Menschheit zu dienen.

Fühle dein Einssein mit deinem Christus-Selbst. Affirmiere in der Mitte deines Wesens:

ICH BIN ein Lebendiger Christus.

"Christus" bedeutet Gesalbter. Indem das Höhere Selbst in uns eintritt, *sind* wir also von Seinem Geist gesalbt. Wir sind Gesandte des höchsten lebendigen Gottes. Du wirst ein Christus, indem du diese Arbeit für die Menschheit tust. Diese Arbeit ist deine Freiheit und auch dein Schutz. Je mehr Liebe, Weisheit, Mitgefühl und Licht du verströmst, desto geschützter bist du und desto glücklicher wirst du.

Stell dir vor, wie sich das Christus-Selbst nach oben bewegt, und sich dieser Kugel aus regenbogenfarbenem Licht nähert, die deine ICH BIN-Gegenwart ist. Und während du dich nach oben in diese Gegenwart erhöhst, ist dein Herz erfüllt mit Liebe, und du sagst und fühlst:

ICH BIN die Sonne Gottes.

Sehe und fühle diese strahlende Sonne in der Mitte deines Wesens, wie sie dich mit konzentrischen Kreisen aus Regenbogenfarben umschließt. Tauche in dieses Licht ein, und verstärke es. Du musst keine Willenskraft aufwenden, ergib dich einfach ihrer Strahlung und fühle sie. Es ist so einfach wie in eine Badewanne einzusteigen, nur bist du jetzt eingetaucht in das Licht deiner ICH BIN-Gegenwart.

Sage und fühle:

*ICH BIN ein Weißes Feuerwesen aus dem Herzen
der Großen Zentralsonne.*

Tauche ein in diese Visualisierung und meditiere über dein Licht.

Allmählich tauchst du aus der ICH BIN-Gegenwart auf und kommst zurück in dein Christus-Selbst, das sich über deinem physischen Körper befindet. Dieses Selbst ist zu allen Zeiten in Kommunikation mit dir. Hör ihm zu, was es dir zu sagen hat. Wenn du nicht sicher bist, was es dir zu kommunizieren versucht, richte dich nach deinem Gefühl in dir. Auch wenn es oft heißt, richte dich nach deinem Bauchgefühl, so kommt das Fühlen doch aus der Flamme, die in der Mitte deiner Brust verankert ist. Rufe die Führung an, sich in dir zu manifestieren, und sage:

*ICH BIN die Gegenwart, die mir zeigt, wohin ich
gehen soll und was ich tun soll – und ich folge
diesem Plan.*

Wenn du eine Richtung einschlägst, oder eine Handlung startest, frage dich innerlich, "Fühlt sich das besser oder schlechter an?" Wenn es sich besser anfühlt, ist das ein Zeichen, dass du in die richtige Richtung gehst, oder das Richtige unternimmst. Wenn die Energie abfällt oder sich schlechter anfühlt, ist es besser, anders zu handeln, bis sich die Energie besser anfühlt. Achte auf deine Energie und deine Gefühle, die den Anstoß für die richtige Aktion geben. Gefühle, die von höheren Zentren kommen, sind nicht dasselbe wie Emotionen, die mehr von den niederen Zentren kommen.

Komme zurück in das Bewusstsein deines physischen Körpers. Fühle, wie diese Energie Gottes jede Zelle erfüllt. Fühle deine Schädeldecke, wie einen tausendblättrigen Lotus, das *Sahasrara*-Chakra, jetzt strahlend mit Licht.

Dann fühle das Licht herniederkommen in dein drittes Auge (*Ajna*-Chakra) in der Mitte deiner Stirn. Dann bringe das Licht hinunter in das Halszentrum (*Vishuddha*-Chakra), deine Energie, um mit Sprache zu erschaffen. Zuletzt bringe das Licht hinunter in dein Herzzentrum (*Anahata*-Chakra), und fühle Liebe, die sich zu anderen ergießt.

Später, wenn du einen Spaziergang machst, denke und fühle:

ICH BIN die Gegenwart Gottes, die durch mich
wandelt.
Gott geht durch mich.

Fühle die Energie Gottes in deinen Schenkeln, Knien und Füssen. Fühle die Sonne, die unter jedem Fuß ist, und sage:

ICH BIN ein Segen für Mutter Erde, mit jedem Schritt.

Du kannst die Energie auch zum *Manipura-*Chakra im Solarplexus lenken, um dir physische Vitalität zu verleihen – oder auch zu allen anderen Chakras, die alle für das Leben und die Gesundheit nötig sind, wenn sie in Harmonie miteinander funktionieren, unter der Leitung der Gott-Gegenwart. Wenn du Qi Gong praktizierst, lernst du, diese Lebenskraft durch den ganzen Körper zirkulieren zu lassen.

Schließe deine Meditation ab, indem du deine Aufmerksamkeit zurück zu deinem Herzen bringst, und Liebe zu allen Lebewesen.

Meine Liebe geht hinaus zu allen Menschen. Genauso wie die Segnungen der Aufgestiegenen Meister, die dich lieben und hier bei dir sind. Sie sind dir so nahe wie dein Herz. Jeder Gedanke, den du zu Ihnen sendest, wird gehört. Halte deine Aufmerksamkeit auf Gott in deinem Herzen gerichtet. Worauf deine Aufmerksamkeit liegt, das wirst du werden.

KAPITEL 8

Was ist der Name Gottes?

Aus einem Vortrag vom 9. November 2020

Was ist der wahre Name Gottes? Wie rufst du diesen Gott zur Aktion? Einige behaupten, dass der englische Ausdruck "I AM" der Name Gottes sei. Da die zeitgemäße englische Sprache jedoch eine verhältnismäßig neue Erfindung ist, ist das nicht möglich. Selbst das alte Englisch ist für uns heute unverständlich. Die ICH BIN-Lehren existierten vor dem neuzeitlichen Englisch, das nicht vom Himmel gefallen ist, sondern eine Mischung aus Proto-Indo-Europäisch, Deutsch, Skandinavisch, Französisch, Latainisch, Griechisch und anderen Sprachen ist, und sich im Laufe der Zeit entwickelt hat.

Die vedischen Lehren Indiens gehen der Bildung des Englischen mindestens zehntausend Jahre voraus. Die alten Seher hörten das *Pranava*, die Schwingung des Bewusstseins, das die Schöpfung durchdringt. Dieser Klang wird durch das Wort *OM* symbolisiert, das nur eine Andeutung des wirklichen Klanges ist. Gott wird aus dem reinen Bewusstsein heraus in Aktion gerufen durch den Gebrauch der Affirmation. Im Sanskrit ist diese grundlegende Affirmation, ICH BIN, *Aham*. Die vollständige Aussage, ICH BIN Gott, ist *Aham Brahmasmi,* "Ich bin Brahman".

Der gegenwärtige hebräische Name für Gott, der im Alten Testament erscheint, ist das *Tetragrammaton,* der Name bestehend aus vier Buchstaben: YHWE, das später Yaweh ausgesprochen wurde, dann Jehova.[15] Es wird jedoch berichtet, Gott habe in Exodus gesagt, sein Name sei *Ayeh Asher Ayeh,* was im Englischen heißt: Ich werde sein, was ich sein werde. Somit kann Gott mit jedem Namen in jeder Sprache angerufen werden.

ICH BIN ist kein Name, sondern eine Aussage des Seins – wie auch eine Anrufung – eine Weise, dieses Sein in Aktion zu rufen. Was nach diesen Worten folgt, ist das, was du erschaffst oder wozu du wirst. Wenn du sagst, ICH BIN, rufst du deine eigene Gott-Gegenwart zur Aktion auf. Sag es in deiner Muttersprache, um Gott zum Handeln zu veranlassen.

Da ich in Amerika geboren wurde, sage ich I AM. Seit meiner Kindheit habe ich mir angewöhnt, zu sagen, "I am going to do this" (Ich werde das tun) oder, "I am going to create this" (Ich werde das erschaffen). Wenn ich „I AM" (ICH BIN) sage, spricht dies das Bewusstsein Gottes an, das allwissend, allgegenwärtig und allmächtig ist, durch mich zu kommen. Wäre ich in Frankreich geboren worden, so wäre es die natürlichste Sache zu sagen, "Je Sui". In Deutsch-

---

15 Tatsächlich heißt es in Exodus nicht, dass Gott Himmel und Erde erschuf, sondern Elohim erschuf Himmel und Erde – das hebräische Substantiv Plural bedeutet Götter. Daher heißt es: Die Götter erschufen Himmel und Erde.

land würde ich "Ich Bin" sagen. Die Sprache, mit der du aufgewachsen bist, oder die für dich am natürlichsten ist, ruft Gott am besten an.

Es gibt einen Diskurs von Godfre Ray King aus dem Jahre 1932, in dem es heißt, dass Saint Germain gesagt habe, I AM sei der Name Gottes und dieser solle nur auf Englisch gesagt werden. Ich halte das für höchst unwahrscheinlich, da die englische Sprache recht neu ist, das neuzeitliche Englisch entstand erst in den letzten sechshundert Jahren. Meine Lehrerin, Pearl, die Godfres persönliche Assistentin war, sagte, dass er am Ende eines Diskurses, nachdem der Meister aufgehört hatte, durch ihn zu diktieren, oft seine eigenen Kommentare hinzufügte. Der Stenograph, der den Diskurs aufzeichnete, schrieb jedoch oft weiter auf, was Godfre sagte, in dem Glauben, dass das noch die Worte des Meisters waren. Außerdem sagte eine Mitarbeiterin der Saint Germain Foundation, Agnes "Sunny" Widell, dass Mrs. Ballard (Lotus Ray King) gelegentlich einen Diskurs veränderte, bevor er veröffentlicht wurde, und Kommentare einfügte, die ihre eigene Meinung waren.

Wenn Saint Germain am Ende eines Diskurses von 1932 offenbar sagte, den Ausdruck *OM* oder *Mani Padme Hum* nicht zu verwenden, war dies möglicherweise Godfres oder Lotus' persönliche Meinung, und nicht die Worte des Meisters. Ganz im Gegenteil, Saint Germain leitet jetzt viele seiner Schüler an, Sanskrit-Mantras zu verwenden, um sie Konzentration und Meditation zu lehren, und die feinstofflichen spirituellen Zentren zu aktivieren.

Eine mögliche Erklärung für diesen scheinbaren Widerspruch ist die klangliche Ähnlichkeit des Ausdrucks I AM in der englischen Sprache und dessen Sanskrit-Entsprechung *Aham,* gesprochen, Ah Hum. Beide bedeuten I AM, und klingen in etwa ähnlich.

Im Jahre 1932, inmitten der Weltwirtschaftskrise, so berichtete Pearl, habe Saint Germain den ICH BIN-Schülern Vorträge gehalten, deren Hauptanliegen es war, positive Energie freizusetzen und das Bewusstsein in Amerika anzuheben sowie das Bewusstsein des ICH BIN in den vollen Gebrauch und in die volle Akzeptanz zu bringen. Diese Aussage über das Einssein mit Gott wurde gegeben, um die Massen aus ihrer Depression zu heben und sie wissen zu lassen, dass sie niemals von Gott getrennt sind. Sie waren nicht als letzte und ultimative Lehre für die Schüler des Lichts gedacht. In den besagten Diskursen aus den 1930ern wurde nichts über die Erlangung von Erleuchtung gesagt, was mit Sicherheit auf der Agenda der Meister stand, und in der indischen Kultur bereits wohlbekannt war. Jedoch wussten die Meister, dass die meisten Schüler von Godfre Ray King zu dieser Zeit für diese fortgeschrittenen Lehren nicht bereit waren.

Obwohl Saint Germain in *Enthüllte Geheimnisse* eine Meditation an Godfre Ray King gab, in der das Licht visualisiert wird, leitete Godfre seine Schüler nicht an, diese Meditation tatsächlich zu praktizieren. Die einzige Ausnahme war eine kleine Gruppe von Schülern, der Pearl Dorris angehörte, der er private Unterweisung in Meditation gab.

Als Saint Germain diese Lehren in den 1930ern gab, war sein Anliegen, dass die Schüler ihren Geist neu programmierten, um positiver zu sein und an der Verbesserung der Gesellschaft zu arbeiten – anstatt sich in das Streben nach persönlicher Erleuchtung zu vertiefen.

Die Zeiten haben sich geändert, und wir können nun nach Erleuchtung streben und gleichzeitig erkennen, dass andere ein Teil von uns sind – wir können an unserer Erleuchtung arbeiten, während wir der Menschheit helfen. Als ich 1971 in Indien war, stieß ich auf das Buch, *Meditation in Action,* des tibetischen Lama Trungpa Rinpoche, und ich erkannte, dass dies der nächste Schritt war, Gott-Bewusst zu werden, während man gleichzeitig in der Welt aktiv ist, als Meister.

Viele Menschen praktizieren heutzutage *Advaita,* die Lehren vom Einssein, die sich auf die Rückkehr zum Bewusstsein des Einsseins konzentrieren – das wir verlassen haben, bevor wir in die Welt der Dualität eintraten. Das ist ein schönes Bestreben, aber wenn du ein Meister werden willst, wird es nicht ausreichen, sich im Einssein zu erleben. Es gibt viele Yogis, die in vergangenen Leben erleuchtet wurden, und die nach dem Tod erkannten, dass sie nur die Dualität gemieden hatten. Einige von ihnen wurden in dieses Leben wiedergeboren, um in Beziehungen zu leben, Eltern zu sein, beruflichen Tätigkeiten nachzugehen, um so Verständnis und Mitgefühl für andere zu entwickeln. Das Ziel ist nicht, zu sagen, "Ich bin im Einssein und ich kümmere mich nicht, was mit anderen geschieht – das ist deren Angelegenheit". Dazu sind wir nicht hier. Wir waren im Gott-Bewusstsein, bevor wir geboren wurden. Wir kamen aus himmlischen Reichen, und wurden aus einem Grund in die Dualität geboren. Dieser Grund ist, Meisterschaft zu erlangen, die nur durch Mitgefühl erlangt wird. Dieses Mitgefühl wird erkannt, wenn du wirklich siehst, dass alle anderen und deren Leid ein Teil von dir sind.

Bevor es die Saint Germain Foundation gab und diese ihre Bücher herausgab, gab es im Westen wenig Bewusstsein über das ICH BIN. Es gibt einige Affirmationen in den Evangelien, in denen Jesus den Ausdruck „ICH BIN" verwendet, aber niemand benutzte seine Affirmationen für sich selbst – um seine eigene Göttlichkeit hervorzurufen.[16] Wir können Saint Germain und Godfre Ray King dankbar dafür sein, dass sie diese Lehren, wie man Gott im täglichen Leben zum Wohl der Menschheit anrufen kann, herausgebracht haben. Diese Worte, ICH BIN, in der Muttersprache

---

16 Mein Buch, *ICH BIN der Lebendige Christus - die Lehren von Jesus,* BoD, 2017, gibt eine klarere Auslegung des Matthäus-Evangeliums und der Intention Jesu, wie seine Affirmationen verwendet werden sollten.

gesprochen, sind der Zugangs-Schlüssel zu deinem Göttlichen Potential – denn du rufst Gott zur Aktion auf. Fühle die Kraft – fühle, was geschieht, wenn du sagst, *ICH BIN.*

Was ist Gottes wahrer Name, und woher stammt er? Vor Anbeginn der Schöpfung war Gott Bewusstsein jenseits von Raum und Zeit. Aus diesem Bewusstsein kam Dualität, Raum und Zeit. Diese Konzepte sind in Indien gut studiert und wurden vor Tausenden von Jahren ausführlich in den Veden und den Upanishaden beschrieben. Als das Bewusstsein aus dem Schlaf Gottes hervortrat, der Hunderte von Millionen Jahren währte, kam die Schöpfung hervor. Die Schöpfung löst sich auf und entsteht erneut, in großen Zyklen. Wenn Bewusstsein aus der Stille auftaucht, entsteht Klang. Dieser ursprüngliche Klang, das *Pranava,* wird durch OM symbolisiert. Der Klang des indischen Instrumentes Tambura erzeugt einen Klang, der dem Urklang in etwa ähnlich ist, aber dieser kann im physischen Bereich nicht nachgeahmt werden. Einige Yogis können diesen Klang in der Meditation jedoch hören.

Mantras sind ein Hilfsmittel, um diese Göttliche Vollkommenheit in einem selbst wie auch in der Welt hervorzurufen. Aus dem kosmischen *OM* ging das Alphabet des Sanskrit hervor. Dabei handelt es sich um ursprüngliche Laute, die jedes Kind, unabhängig von seiner Muttersprache, hervorbringt. Einige der Vokallaute sind: *Ah, Ee, Ou, Eh, Ay, Oh, Ow* und *Um;* während einige der

Konsonanten sind: *Kaka, Gaga, Ma, Papa, Baba* und *Dada.* Kinder äußern diese Laute spontan, ohne diese von ihren Eltern gelernt zu haben. Die Wiederholung dieser ursprünglichen, im Sanskrit verwendeten Töne erleichtert die Interaktion des Bewusstseins mit der Form.

Ich hatte meiner Tochter nie beigebracht, mich "Dada" zu nennen und war verblüfft, als sie im Alter von fünf Monaten anfing, das zu sagen, dann einen Monat später "Mama". Zwei Väter, einer in Südkorea und der andere in Kroatien, erzählten mir beide, dass ihre Kinder, ohne einen Anstoß oder Unterweisung in Englisch, von sich aus anfingen, sie "Dada" zu nennen. Dieses spontane Singen von Sanskrit aktiviert das feine Nervensystem und entwickelt die Koordination von Geist, Seele, Verstand, Körper und Fühlen, mit der Sprache.

Das Sanskrit erweckt verschiedene Aspekte des Bewusstseins, und wenn die Töne miteinander zu Mantras verbunden werden, bedeuten sie weitaus mehr als nur ihre wörtlich übersetzte Bedeutung. Diese Aussagen sind Manifestationen von Bewusstsein, die nicht nur einen selbst, sondern die Welt beeinflussen. Es gibt Mantras, um Erleuchtung, Weisheit und Glück zu erlangen, und auch für alltägliche Aktivitäten wie Baden, Kochen, Geldverdienen, und für alle Aspekte des Lebens. Mantras sind Affirmationen, die Energie und Bewusstsein anrufen, und sie wurden in Indien Zehntausende von Jahren als Disziplin praktiziert.

Wenn du auf *ICH* meditierst, wirst du angehoben in das Bewusstsein deines Gott-Selbst. Das ist der vertikale Strom des Vater-Bewusstseins, ausgerichtet nach dem Göttlichen Willen. Wenn du *BIN* sagst, rufst du das Mutter-Bewusstsein auf, aus dem Herzen hervorzutreten – es ist das Prinzip der Liebe, das alles zur Gestaltung bringt.[17] Es gibt nichts auf dieser Erde, das wir sehen und benennen können, das nicht das Produkt der Göttlichen Mutter und des Göttlichen Vaters in Aktion ist. Wenn wir also etwas erschaffen wollen, oder in uns selbst eine Qualität entwickeln wollen, können wir sagen, *ICH BIN Das.* Fühle und meditiere auf das, was du zu manifestieren wünschst oder werden willst.

Sage und fühle:

ICH BIN das Licht der Welt.

Fühle, wie die Energie in die Aktivität hineinfließt, um alle Schöpfung zu segnen.

Ich wurde von Saint Germain angeleitet, mehr von dieser Lehre des Fernen Ostens in den Wes-

---

17 Das Symbol des Kreuzes wurde als Repräsentant der Interaktion der Prinzipien von Vater und Mutter verwendet, welche im Herzen vereinigt sind, lange bevor die Katholische Kirche begann, das Kruzifix mit einem verkürzten horizontalen Balken zu fördern. Durch die Aktivität der Prinzipien von Vater und Mutter, Geist und Erde, erwachen wir zu Weisheit und Meisterschaft.

ten zu bringen, in einfacher und leicht verständlicher Form. Es sollte keine Verwirrung darüber geben, ob der Name Gottes ICH BIN, Krishna, Yahweh, Allah, Wakan Tanka, oder etwas anderes ist. Es gibt Tausende von Namen für Gott, aber es ist nicht der Name wichtig, sondern wie man zu Gott Verbindung aufnimmt, unter welchem Namen auch immer. Die erstaunliche Sache ist, dass du in jedem Augenblick mit Gott in Verbindung bist, und du musst nur deinen Geist verlangsamen, um dieser ewigen und immerwährenden Verbindung gewahr zu sein.

Tausend Menschen könnten mit tausend Behältern in verschiedenen Farben am Ufer des Ozeans auftauchen. Ich könnte mit einem grünen Glas kommen. Ein anderer könnte mit einem blauen oder violetten Glas auftauchen. Es gibt Tausende von Formen, Farben und Größen. Jede Person taucht ihr Behältnis in den Ozean, geht nach Hause und sagt, "Ich bin zum Ozean gegangen und habe einiges davon mitgebracht, und so schaut er aus. Der Ozean sieht so aus", und sie zeigen das Wasser des Ozeans, gefärbt durch ihr Behältnis, und sie erschaffen eine Religion um diese Erscheinungsform des Ozeans in ihren Behältnissen. Dann geht ein Nachbar ebenfalls zum Ozean mit einem anders gefärbten Behältnis, kommt nach Hause und sagt, "Nein, du hast unrecht, ich bin zum Ozean gegangen, und er sieht so aus". Sie reden alle über den selben Ozean. Lasst uns nicht in den Illusionen verfangen werden, die von den Behältnissen erschaffen werden. Lassen wir uns nicht von den durch die Container geschaffenen Illusionen gefangen nehmen, und schätzen wir stattdessen die Wahrheit, die alle gemeinsam haben. Jede Person kann beten und innerlich bitten:

Wie soll ich Gott nennen?

Auf welche Weise soll ich mit Gott in Kontakt treten?

Was versucht Gott mich zu lehren?

KAPITEL 9
Was ist das Selbst?

Aus einem Vortrag vom 24. Februar 2021

Es gibt viele Pfade, die den Berg hinaufführen. Viele dieser Pfade behandeln dieses Problem – während man auch ein Meister in der Dualität wird.

Ein Schüler fragte mich: *Wie können wir in der Einheit sein, aber gleichzeitig auch in der Welt in Beziehungen mit anderen sein?*

Der Pfad, dem du folgen solltest, ist der, der dort beginnt, wo du gerade stehst – der Pfad vor deinen Füssen. Im Laufe deines Lebens mögen viele verschiedene Pfade erscheinen. Wenn du in Tibet geboren wurdest, würdest du natürlich tibetischen Buddhismus studieren. Du würdest mit nichts anderem in Berührung kommen. Hier im Westen haben wir nun Berührung mit vielen Pfaden, und ein jeder sagt von seinem Pfad, er sei der beste. Alle traditionellen Pfade haben ihren Platz und bieten etwas. Das Wichtige an der Sache ist, dem Pfad treu zu bleiben, auf dem du bist, und nicht die Pfade zu vermischen – dann bekommst du eine Suppe, die sehr wässrig ist, und dich nicht nährt. Wenn du Zen-Meditation machst und anfängst, leidenschaftlich die Namen von Hindu-Göttern zu singen — ein hingebungsvoller Pfad, der im Sanskrit als *Bhakti* bekannt

ist — ist das eine Mischung, die keine guten Ergebnisse hervorbringt. Tue das eine oder das andere. Ich habe in meinem Leben beides praktiziert, jedoch nicht gleichzeitig.

Wenn du völlig in das Einssein gehst, wie es
Ramakrishna oft tat, bist du dir deiner selbst einfach nicht bewusst, geschweige denn irgendeines
anderen – du kannst kein Auto fahren, kannst
nicht zur Arbeit gehen, oder in einer Beziehung
sein, da es keinen 'anderen' gibt, um mit ihm in
einer Beziehung zu sein. Da gibt es nur eine
glückselige Leerheit. Ich habe das erlebt, und da
gab es kein Bewusstsein des Selbst oder von irgendetwas. Es ist zeitloses Bewusstsein, aber du
kannst darin nicht leben und im Äußeren funktionieren. Hier ist Achtsamkeit im Umgang nötig.
Wir können in der Einheit verankert sein, leben
aber dennoch in relativer Wahrnehmung unserer
Umgebung und der Rollen, in denen wir am Leben teilnehmen möchten.

Wenn du in der Welt funktionieren willst,
musst du dir deiner selbst und anderer gewahr
sein, ganz zu schweigen von der Notwendigkeit,
in beide Richtungen zu schauen, bevor du die
Straße überquerst. Auch wenn ich weiß, dass das
Bewusstsein in dir mit dem Bewusstsein in mir
zusammenhängt, Tropfen vom selben Ozean, so
bist doch du ein Tropfen und ich bin ein anderer
Tropfen. Wenn ich in den Vereinigten Staaten ein
Auto fahre, muss ich auf der rechten Seite der
Straße bleiben. Das ist ein Eingeständnis, dass
es so etwas wie Dualität gibt. Ich muss während

des Fahrens achtsam sein. Auf welcher Seite der Straße befinde ich mich? Kommen mir andere Autos entgegen? Wie schnell fahre ich? Dennoch kann ich mir meiner Gedanken und Emotionen bewusst sein, während ich erkenne, dass es Gott ist, der fährt – und dass es Gottes Auto ist. Das ist achtsam sein. Du kannst in der Welt sein, aber nicht von dieser Welt. Ganz gleich auf welchem spirituellen Pfad du bist, Beziehungen beinhalten Achtsamkeit – des Selbst bewusst sein, des anderen, und des Absoluten – alles gleichzeitig. Das erfordert wirkliche Meisterschaft.

Eine andere Frage, die mir kürzlich gestellt wurde, lautet: *Ähnelt das ICH BIN-Bewusstsein dem, was die tibetischen Buddhisten Rigpa (ursprüngliches Bewusstsein) nennen?*

Wie Lao Tzu sagte, *die Wahrheit, die aufgeschrieben werden kann, ist nicht die vollständige Wahrheit.* Wir können über die Natur des höchsten Bewusstseins nur sprechen, indem wir Worte verwenden, die begrenzt sind. Manche Leute studieren das ICH BIN, aber es ist alles in ihren Köpfen. Die Buddhisten sagen, du musst den Sinn für das 'Ich' töten, um das Bewusstsein über deine wahre Natur zu erlangen. Was sie damit meinen, ist, die Identifikation mit dem Ego zu töten, dem 'Ich', der Anhaftung an das kleine Selbst, das an Täuschung festhält. Dzogchen sagt, dass man über jedes Gefühl eines getrennten 'Ich' hinauskommen muss, um den fundamentalen Grund allen Bewusstseins, bekannt als *Rigpa*, zu erkennen. Die Empfindung des 'Ich' fließt aus diesem Bewusstsein – die Erkenntnis eines individuellen Selbst, das bewusst ist. Dann kommt der Wunsch dieses Selbst, sich zum Ausdruck zu bringen, was durch Gedanken, Gefühle, und durch den Ausdruck ICH BIN geschieht. Also, ICH BIN fließt aus dem *Rigpa.*

In dem Buch *Chop Wood, Carry Water* (Dt. Hacke Holz, Trage Wasser) heißt es, bevor du erleuchtet bist, musst du Holz hacken und Wasser tragen, und nachdem du erleuchtet bist, musst du immer noch Holz hacken und Wasser tragen.[18] Aber du tust es mit einem anderen Bewusstsein. Du bist dir des Feldes unbegrenzten Bewusstseins bewusst, doch gleichzeitig deiner Rolle in der relativen Realität gewahr. Das ist Meisterschaft.

Vor einigen Jahren (2015) war ich in einem dreijährigen Retreat in einer Hütte im Hinterland von New York. Es wurden auf einem großen Haufen sieben Raummeter Feuerholz angeliefert, und ich musste die Holzscheite hereintragen und sie in der Holzhütte stapeln, damit ich Feuerholz hatte, wenn Schnee kam. Ich wusste, dass ich zwei oder drei Tage brauchen würde, um das ganze Holz hereinzutragen. Ich hatte nicht wirklich Lust dazu, aber ich sagte mir, "Ich mache

---

18   Rick Fields, *Shop Wood, Carry Water: A Guide ro Finding Spiritual Fulfillment in Everyday Life,* Jeremy P. Tarcher, 1984.

das zu einer Meditation. Statt zu jammern, werde ich jeden Arm voll Feuerholz in gleicher Weise beobachten, wie ich meinen Atem bei der *Shamata*-Meditation beobachten würde, oder in der Weise, wie ich jede Silbe beobachten würde, wenn ich ein Mantra rezitierte."

Ich dachte mir, "Das Holz ist Gott. Es wurde mir von Gott gegeben. Ich bin die Gegenwart Gottes, die das Holz trägt. Das Verbrennen des Holzes wird eine Feier Gottes sein, und es wird Gott lebendig halten während des kalten Winters, der bevorsteht".

Bei jedem Arm voll Feuerholz beobachtete ich mich. Ich hatte die Wahl: Ungeduldig zu sein, ärgerlich und frustriert, oder ich konnte in einem Zustand des Gleichmutes sein – sogar im Zustand der Erleuchtung. Also begab ich mich in diese Geisteshaltung und betrachtete diese Arbeit als Meditation. Sie dauerte drei Tage, und ich hatte eine bereichernde Erfahrung.

Ist der Geist wirklich wie ein Spiegel, wie die Buddhisten behaupten? Das ist eine weitere Frage, die mir kürzlich gestellt wurde. Nach einiger Zeit nimmst du wahr, dass alles eine Widerspiegelung von dir selbst ist. Wenn du auf eine andere Person wütend wirst, jedoch gleichzeitig deinen Geist einigermaßen beruhigen kannst, siehst du, dass die andere Person deinen eigenen Ärger zurückspiegelt, und du kannst dieser Spiegelung dankbar sein dafür, dass sie anzeigt, woran du noch zu arbeiten hast.

Allmählich begibst du dich in das höhere Bewusstsein, das dir erlaubt, den Kosmischen Spiegel zu sehen. Im tibetischen Buddhismus reden sie von den drei *Kayas,* oder Körpern. Der physische Körper ist der *Nirmanakaya, der höhere Mentalkörper der Sambhogakaya,* und die ICH BIN-Gegenwart der *Dharmakaya.* Dieser höchste Körper wird in der tibetischen Kunst manchmal als Amitabha Buddha dargestellt, der Gott des Unendlichen Lichts.

Manche Lamas, die diese höheren Körper noch nicht tatsächlich erfahren haben, meinen, der *Dharmakaya* sei nur eine Bewusstseins-Stufe. Obwohl Kaya Körper bedeutet, erkennen sie nicht, dass der Dharmakaya, obgleich er aus Licht besteht, ein tatsächlicher Körper ist, der dein Wahres Selbst ist. Du hast auch einen weiteren Körper, den wir manchmal Seele oder den höheren Mentalkörper nennen. Das ist der Sambhogakaya. Also, diese Körper sind real, sie sind nicht nur Zustände des Bewusstseins. Du hast ein dauerhaftes Selbst, welches der Dharmakaya ist, auch wenn die meisten Buddhisten nichts als dauerhaft anerkennen. Was nicht-dauerhaft ist, das ist unsere menschliche Persönlichkeit mit all ihren Anhaftungen. Selbst der Dharmakaya wendet seinen Fokus nach innen und verschwindet scheinbar während dessen, was die Veden die Nacht Gottes nennen. Gemäß dem *Vishnu Purana* ist Gott für ein Kalpa wach, was 4.320.000 Jahren entspricht, schläft dann für ein weiteres Kalpa, und so fort.[19] Wenn Gott schlafen geht, verschwindet der Sinn für das Selbst. Jegliches Bewusstsein des Ego ist verschwunden. Das meinen die Buddhisten, wenn sie sagen, das Selbst sei nicht dauerhaft. Aber das Gott-Selbst, von dem wir ein Teil sind, wird schließlich wieder erwachen und in eine Inkarnation kommen, um andere Ziele zu verwirklichen. Es ist das menschliche Ego und seine Anhaftungen, die wirklich nicht von Dauer sind.

Viele Menschen fragen buddhistische Lehrer, warum diese behaupten, das Selbst sei nicht von Dauer, wenn sie so viel von Reinkarnation sprechen. Viele suchen nach *Tulkus*, reinkarnierten Lamas. Wenn es kein dauerhaftes Selbst gibt, was wird dann reinkarniert?

Ich habe einige Lamas gefragt, "Ihr sagt, es gibt kein dauerhaftes Selbst, warum betet ihr dann zu Buddha und Padmasambhava, die reale

---

19 Ein Kalpa ist in so genannte Yugas unterteilt. Wir befinden uns gegenwärtig im Kali-Yuga, das angeblich 430.000 Jahre währt. Die Veden behaupten, dass dieses Zeitalter mit dem Tod des Avatars Krishna vor etwa 5000 Jahren begann, also noch recht lange dauern wird. Die menschliche Zivilisation entstand, entwickelte sich technologisch, und löste sich viele Male auf, manchmal endete sie in einem Nuklearkrieg. Die indische Erzählung Mahabharata enthält viele Hinweise auf Raumschiffe, Vimanas, die Raketen wie die Brahmastra abfeuerten, welche große Verwüstungen verursachten, und das Land für viele Generationen unbewohnbar machten.

Menschen wie wir waren? Sie sind noch immer hier, wenn ihr sie anbetet, oder?"

Diese Frage war ihnen unbehaglich. Sie wollten nicht darüber sprechen, da es keine Antwort gibt, die diesem offiziellen Dogma entspricht.

Es gibt verschiedene Ebenen der Verwirklichung, die zum Gottes-Bewusstsein führen. Du kannst dir deiner selbst als Göttliches Wesen bewusst sein, und dich dann in das Kosmische Bewusstsein bewegen, wo es kein Selbst zu geben scheint – alle Individualität ist mit dem Einssein verschmolzen.

Dies ist mir kurioserweise widerfahren, als ich in einer Scheune, im Hinterland von New York, Pferdedung schaufelte. Ich arbeitete mit der Mistgabel eine Stunde lang, als ich spontan in einen Zustand von Kosmischem Bewusstsein überging.

Ich weiß nicht, wie lange ich in dieser Glückseligkeit reiner Versunkenheit, in *Samadhi* war. Allmählich begann ich zurückzukommen. Das Empfinden als Selbst begann zurückzukehren – das Bewusstsein, jemand zu sein. Als das Ich-Erleben vollständig zurückkehrte, sah ich, dass ich in einer Scheune stand, eine Mistgabel in die Luft reckte, und das Pferd mich mit einem fragenden Blick ansah.

Es gibt verschiedene Ebenen von *Samadhi* (Versunkenheit in reinem Bewusstsein). Aber dieses war das höchste, es gab kein Selbst – ich war verschmolzen mit dem Licht reinen Seins, Bewusstseins und Glückseligkeit *(Satchitananda),* begleitet von dem Klang *OM.* Das war nicht das *OM,* das gesprochen oder gesungen wird, es war eher wie der Klang des indischen Instrumentes Tambura.

Einfach etwas Rhythmisches tun, wie das Beobachten deines Atems, auf einen Fluss schauen wie Siddhartha (in dem gleichnamigen Roman von Hermann Hesse), oder auch nur auf einen Punkt an der Wand zu schauen – irgendetwas, das deinen Geist verlangsamt – kann dich in die Lage versetzen, tiefgründige Zustände höheren Bewusstseins zu erfahren.[20] Aber du kannst in diesem höchsten Zustand nicht in der Welt funktionieren, weil es kein Bewusstsein von der Welt gibt.

Der Schlüssel ist zu lernen, wie man in der Welt in relativer Realität sein kann, während man sich gleichzeitig des Ozeans des Einsseins bewusst ist, insbesondere, wenn du mit anderen

---

20 Ram Dass sagte, er habe bei einem seiner Vorträge eine sehr erleuchtete Frau gesehen, und als er sie fragte, was ihre spirituelle Praxis sei, sagte sie: „Häkeln". Dies würde man Meditation mit Unterstützung nennen, wobei man einen Gegenstand oder eine Methode verwendet, um den Geist zu beruhigen und meditative Versenkung zu erreichen. Die höchste Ebene von Samadhi, wie ich sie erlebte, ist Meditation ohne Unterstützung. Du bist einfach nur da.

Menschen arbeiten musst – vielleicht mit Menschen, die du nicht magst, oder die dich nicht mögen. Du weißt, dass sie, ungeachtet aller Erscheinungen, ein Teil von dir sind. Das ist es, woran wir arbeiten müssen. Es geht nicht darum, zu glauben, 'Ich werde erleuchtet werden und von hier verschwinden, damit ich mit diesen Leuten nichts mehr zu tun hab'.

Erkenne, dass du, um Meister zu sein, ein *Bodhisattva*, mit der Menschheit verbunden bleiben und wissen musst, dass alle Wesen ein Teil von dir selbst sind.[21]

In der *Metta*-Praktik, in der es darum geht, liebevolle Güte zu erzeugen, wirst du dir des Leids anderer bewusst, und transformierst es dann in dir selbst, durch das Aussenden von Licht an jene, die Befreiung brauchen. Ich bin der Meinung, es sollte mehr Gewicht auf das Erzeugen von Liebe und Mitgefühl gelegt werden, und nicht nur zu denken, 'Ich gehe in das Einssein und Tschüss'.

Bei all den politischen Intrigen, von denen in den Nachrichten berichtet wird, wenn du da die Auffassung der einen Seite gegen die andere annimmst, leugnest du, dass auch die andere Seite ein Teil von dir ist. Politik ist hauptsächlich Unverstand, der eingesetzt wird, um Menschen ge-

---

21 Ein Bodhisvatta ist jemand, der geschworen hat, Erleuchtung zum Wohle anderer Wesen zu erlangen, und trotz seiner Erleuchtung in Samsara zu bleiben, bis alle anderen ebenfalls befreit sind.

geneinander aufzubringen, damit sie kontrolliert werden können. Wir müssen den Menschen ihre Unwissenheit vergeben. Auch müssen wir für sie Mitgefühl empfinden, denn sie erschaffen zukünftiges Leid für sich selbst, wenn die Folgen ihrer Handlungen zu ihnen zurückkommen werden – und das werden sie. Bedenkt, dass jene, die heute leiden, dieses in erster Linie als Folge ihrer vergangenen Handlungen erfahren.

Der erste Schritt bei der Meditation ist die Beruhigung des Geistes. Ich habe Neuntage-Retreats in *Vajrayana* (tantrisch-buddhistisch) durchgeführt, wo man neun Tage lang fortwährend die Gegenwart der Gottheit generiert. Idealerweise ist der erste Schritt, in einen Zustand zeitlosen Bewusstseins zu gehen. Es kann Jahre brauchen, um das zu erlernen, aber die Lamas gehen davon aus, dass du das bereits kannst. Dann stellst du dir die Gottheit vor, bis sie wirklich erscheint. Dies ist die Erschaffungs-Phase. Du generierst all diese Liebe und Hingabe für die Gottheit, bis sie sich vor dir als reales Wesen manifestiert. Dann, in der Phase der Vollendung verschmilzt sie mit dir, und du wirst die Gottheit. Du fühlst und sagst, "Ich bin die Gottheit".

Dies ist sehr interessant, denn ich habe viele Jahre lang die ICH BIN-Lehren studiert, und dann, als ich den tibetischen Buddhismus studierte, sagten die Lamas, "ICH BIN" sei ein Egotrip, und man sollte das unterlassen. Die Amerikaner sangen alle auf tibetisch, und verstanden nicht, was sie sangen. Während einer Pause fragte ich, "Was tun wir?" Der Typ, der neben mir saß, sagte, „Das weiß ich nicht, aber es tut uns wohl gut". Ich sagte, „OK, beachte mich einfach nicht, aber ich lese das Englische". Als die Übung wieder begann, kam ich zu der Zeile, "Ich bin Vajrasattva". Mit anderen Worten, wir sangen, "Ich bin die Gottheit".

Ich erschrak, dass ich die ICH BIN-Lehren direkt inmitten einer Übung des buddhistischen Vajrayana sah! In dieser Phase der Vollendung bist du die Gottheit, und sendest Liebe, Mitgefühl, Licht und Heilung in die Welt hinaus. Die letzte Stufe ist dann, die Visualisierung aufzulösen, damit die Leute nicht herumlaufen und für immer meinen, sie *seien* die reale Gottheit.[22]

---

22 In der Zeit, als ich in Mount Shasta und Umland lebte, vertrauten mir mindestens vier Frauen an, sie seien die reinkarnierte Maria Magdalena. Sie können es nicht alle sein, aber alle können sich Eins mit ihr fühlen. Im tibetischen Buddhismus gibt es das Konzept der Ausstrahlung einer Gottheit: Man kann auf ein bestimmtes Wesen so sehr ausgerichtet und eingestimmt sein, dass man kein Getrenntsein empfindet, und als Sendbote agieren kann. In meinem Buch, *ICH BIN die Violette Tara, Göttin der Vergebung und Freiheit*, BoD, 2020, gehe ich genauer darauf ein.

Kapitel 10
Rat für schwierige Zeiten
Aus einem Vortrag am 8. April 2021

Viele von euch fragen,

Warum bin ich hier und zu welchem Zweck?

Die Meister haben dein Rufen gehört. Sie sind sich jedes Einzelnen von euch bewusst. Nachdem ich aus Indien zurückgekehrt war und mir der Aufstieg angeboten worden war, hob mich Saint Germain über die Erde, damit ich auf das Leid hinunterschauen konnte. Es war beinah unerträglich. Ich hatte keine andere Wahl, als auf der Erde zu bleiben. Ich fühle mit dir. Die Meister sind sich deiner gewahr. Bitte, bitte denke nicht daran, vor deiner Zeit zu gehen. Dies ist die Zeit, für die du geboren wurdest. Jeder einzelne Gedanke beeinflusst die übrige Menschheit. Die Menschheit braucht dich!

Wir befinden uns alle im großen 'Inneren Netz' des Lebens. Genau wie beim Internet sind wir alle innerlich durch unsere Herzen und unseren Geist verbunden. Ihr beeinflusst euch alle gegenseitig, also wendet eure Aufmerksamkeit dem Licht zu – dem Licht im Innern. Widmet eure Aufmerksamkeit der Gott-Gegenwart, die in euch und über euch ist. Ob du dieses Licht als das visualisierst, was Jesus den Vater nannte, oder als die Göttliche Mutter, oder das Höhere Selbst, die ICH BIN-Gegenwart – wie auch immer du an Gott denken und ihn nennen magst – Gott hört dich. Du könntest nicht einen Atemzug tun ohne Gott, denn es ist die Gottes-Kraft in deinem Körper, die verursacht, dass sich deine Lungen ausdehnen und zusammenziehen. Es ist die Gottes-Kraft, die dein Herz schlagen lässt. Dein Leben ist dir von Gott gegeben, und ist ein Teil von Gott. Bitte verwerfe nicht dieses Geschenk, bis es vollständig gewürdigt ist. Manchmal bringt dies Schmerz und Leid mit sich, aber so wachsen wir. Du sollst wissen, dass du nicht allein bist. Wenn du in Not bist, wende dich an deine Freunde und teile deine Gefühle mit ihnen, sprich mit Menschen, mit denen du länger nicht gesprochen hast, denn auch sie leiden – und sie brauchen dich. Indem wir uns verbinden, helfen wir einander.

Dies sind ungewöhnliche Zeiten – sogar apokalyptische. Ein gewaltiges Licht kommt in die Erde. Einige Menschen empfinden das als eine Bedrohung und möchten sich in die Dunkelheit der Regierungskontrolle und Unterdrückung zurückziehen. Wir haben die Wahl, in eine höhere Welt zu gehen. Dieses ist der Neue Himmel und die Neue Erde, wovon der antike Prophet Jesaja sprach, als er sagte, *Ich sah einen neuen Himmel und eine neue Erde, denn der erste Himmel und die erste Erde sind vergangen.*

Um in diesen Neuen Himmel und die Neue Erde einzutreten, müssen wir uns reinigen –

müssen negative Gedanken und Gefühle loswerden und uns dem Licht zuwenden. Indem wir Mitgefühl für einander entwickeln, können uns die Großen, die Aufgestiegenen Meister und Großen Kosmischen Wesen in dieses Himmlische Königreich anheben, das sich für uns öffnet. Dann werden wir in diesem Königreich des Lichts beisammen sein, vielleicht früher, als du denkst.

Die Meister wissen, was auf der Erde vor sich geht, ebenso wie unsere Weltraum-Brüder und - Schwestern, die unsere Vorfahren sind. Saint Germain erzählte mir von der kommenden Zeit. Er sagte, dass ein großes Ereignis stattfinden würde und dass diejenigen, die sich ausreichend gereinigt hätten, von großen Raumschiffen zu einer Welt mit höheren Frequenzen innerhalb der Erde gebracht würden, die ein Ort von großer Schönheit, Harmonie und Licht ist. Dies ist der Neue Himmel und die Neue Erde, was manche Shamballa nennen.

Im Jahre 1975 nahm Saint Germain mich für einen kurzen Besuch dorthin mit. Diese Innere Erde war so schön wie die äußere Erde, mit Flüssen, Wäldern, Blumen und einer inneren Sonne. Er sagte mir, diese Zeiten würden kommen, und dass die Meister und Weltraum-Ältesten darauf vorbereitet seien. Sie betrachten uns, die wir zu dieser Übergangszeit auf der Erde sind, als große Krieger des Lichts, aber sie brauchen jeden von uns, um mehr Licht herbeizurufen, Liebe und Mitgefühl – was ihnen erlaubt, in unserem Auftrag einzugreifen.

Bitte halte dich nicht mit den Geschichten in den Nachrichten auf, sondern verweile mit dem Himmlischen Königreich, in das du aufsteigen wirst, während du deine Aufmerksamkeit nach innen richtest. Beruhige deinen Geist in der Meditation und kontaktiere dieses Königreich des Lichts und der Liebe in deinem Inneren, dessen Zugang sich in der Mitte deiner Brust befindet. Um das zu tun, beginnst du einfach deinen Atem zu beobachten. Ich weiß, es klingt simpel, aber seit Zehntausenden von Jahren haben die großen Yogis diese Praktik angewendet, um inneren Frieden, Erleuchtung und Befreiung zu erlangen.

Meditations-Praxis:

Während du atmest, fühle das Heben und Senken deiner Brust. Es ist am besten, wenn du deine Augen etwas geöffnet hältst. Kontrolliere deinen Atem nicht. Fühle einfach das Einatmen und Ausatmen – das Heben und Senken. Wenn deine Aufmerksamkeit zu etwas abschweift, einem Geräusch, Schmerz im Körper, oder einem Gedanken, etikettiere das als 'Denken', und komme zurück zur Beobachtung deiner Atmung. Allmählich wird sich der Fluss der Gedanken verlangsamen, und du wirst inneren Frieden und Gelassenheit fühlen. Dann beobachte dich selbst und frage:

Wer ist sich über diesen Vorgang bewusst?

Dein Verstand wird zunächst nicht vollständig gestoppt sein, aber während er sich verlangsamt, wirst du dir bewusst – du wirst eines riesigen Bewusstseins gewahr, das deinen Geist beobachtet, deinen Prozess beobachtet. Es beobachtet dein Ego und seine Ängste, seine Zweifel und sein Leid. Es ist dieser Beobachter, mit dem du dich zu identifizieren beginnst. An diesem Punkt beginnst du, frei von Anhaftungen an das Selbst, in den Neuen Himmel und die Neue Erde einzutreten.

Während du mit deinem ruhigen Geist dasitzt, beobachtest du alles aus einer erweiterten Perspektive. Du siehst, dass du nicht dein physischer Körper bist, nicht deine Emotionen, nicht deine Gedanken. Du bist Universelles Bewusstsein, das auf dein menschliches Selbst und auf den ganzen menschlichen Zustand hinunterschaut . Dieses Bewusstsein deines Ewigen Selbst stirbt nicht, sondern geht von einem Leben in das nächste über. Wenn schließlich alle Lektionen gelernt wurden, wird es wieder in das Bewusstsein des Einsseins des Gott-Selbst aufgenommen – was die Tibeter *Dharmakaya* nennen, das Sanskrit-Wort für den Wahrheits-Körper.

In der Meditation kannst du affirmieren:

Ich bin nun eins mit dieser Quelle,

eins mit der Gegenwart des Lebendigen Gottes,
das ICH BIN.

Wisse, dass dieses Bewusstsein in Jedem ist, ungeachtet seines Verwirklichungsgrades. Das ist nicht etwas, das du aus dem Ego heraus sagst. Es ist ein Bewusstsein, das dich über das begrenzte Selbst hinausbringt. In diesem Bewusstsein wirst du erkennen, Wer oder vielmehr *Was* du bist. Dann rufe dein Gott-Selbst an, um deine Mission auf der Erde zu erfahren.

Dies ist eine Zeit einer großen Transformation. Bitte lege dein Vertrauen in die Große Gegenwart, die du *wirklich bist*. Bedenke, dass viele andere durch Dasselbe hindurchgehen wie du. Schließen wir uns als Familie zusammen und helfen wir einander. Selbst wenn du niemanden kennst, selbst wenn du alleine lebst oder auf der Straße, so bist du doch mit der Menschheit verbunden. Du bist mit Jesus verbunden, mit Saint Germain, mit Mutter Maria, mit den Aufgestiegenen Meistern, mit den Engeln, mit den Kosmischen Wesen, und immer bist du mit deiner eigenen ICH BIN-Gegenwart verbunden. Unsere Herzen sind alle miteinander verbunden. Indem du diese Verbindung mit Gott annimmst, öffnest du für Gott die Tür, zu dir zu kommen und durch dich zu wirken. Du kannst jederzeit sagen:

Lieber Gott, bitte hilf mir!

Nenne Gott bei jenem Namen, mit dem du und dein Gott in Schwingung sind, die ICH BIN-Gegenwart wird dich so sicher rufen hören, als hättest du die Türglocke zu den Toren des Himmels geläutet. Gott wird in der Weise antworten, wie es gebraucht wird. Das wird wohl nicht ein Lichtblitz sein oder eine andere Erscheinung, die du dir in diesem Augenblick wünschst, sondern du wirst in der vollkommenen Göttlichen Ordnung die Hilfe empfangen, die du brauchst. Diese Antwort kann ein Gefühl sein, eine innere Eingebung, ein Traum, ein Telefonanruf, ein Vogel, der über dich hinwegfliegt, oder einfach eine Intuition.

Wie es in Matthäus 7:7 heißt:

Bittet, so wird euch gegeben; suchet, so werdet ihr finden; klopfet an, so wird euch aufgetan.

Sei ruhig und wisse, dass ICH BIN die Gegenwart des Lebendigen Gottes ist. Was immer du mit dem Bewusstsein des ICH BIN sagst, wirst du in diese Welt bringen.

Sage und fühle, während du vorangehst:

ICH BIN Liebe

Denke an jemanden, der Heilung benötigt, und sage und fühle:

ICH BIN die Heilung, die zu dieser Person kommt.

Wenn du Führung brauchst, sage und fühle:

ICH BIN jetzt und immer geführt und geleitet. ICH BIN der Große Göttliche Direktor meines Lebens und meiner Welt.

Um Frieden in die Welt zu bringen, sage und fühle:

ICH BIN der Friede, der alles menschliche Verstehen übersteigt, der nun herbeikommt und auf der Erde vollständig errichtet wird.

Zur Erdung, sage und fühle:

ICH BIN Gott auf Erden, in diesem Körper, hier und jetzt.

Fühle den Frieden in der Stille und wisse, dass deine Affirmationen Früchte tragen.

Nicht nur meine Liebe geht mit euch, sondern auch die Liebe der Großen, die euch in diesem Augenblick umfangen. Segen, viel Segen, alle Zeit.

KAPITEL 11

Meditation in Aktion in einem Café

Aus einem Vortrag vom 16. April 2012

Ich nenne dies meine Kaffee-Latte-Meditation. Ich stehe am Morgen vor Sonnenaufgang auf, um zu meditieren. Dann gehe ich auf dem Mount Shasta Boulevard zum Seven Suns Café, um Freunde zu treffen und vielleicht innere Arbeit zu tun. Wenn ich allein an einem Tisch sitze, verwende ich einfache Affirmationen im Zustand der Meditation, um anderen Menschen so wie der Gemeinde Gutes zu tun. Das ist Meditation in Aktion, eine Form der Meditation, die tibetische Buddhisten *geschickte Mittel*, (Upāya; engl. skillful means) nennen.

In den frühen Morgenstunden praktizierte ich Vipassana-Meditation. Sobald ich in diesem erweiterten Bewusstsein bin, komme ich hierher und wende geschickte Mittel an, um dieses erweiterte Bewusstsein in das Alltagsleben zu bringen, und um anderen Gutes zu tun. Ich arbeite im Stillen, damit ich keine Aufmerksamkeit auf mich ziehe. Niemand weiß, was ich tue. Ich beobachte weiter mein Atmen, um meinen Geist ruhig und meine Aufmerksamkeit nach innen auf meine Buddha-Natur zu halten. Je nach Inspiration des Augenblicks sage und fühle ich:

ICH BIN das Lebendige Licht und strahle hinaus in dieses Café und segne alle, die hereinkommen.

ICH BIN die gebietende, herrschende Gegenwart, und bringe vollkommenen Frieden hervor, Liebe, Weisheit, Harmonie und den Göttlichen Plan der Aufgestiegenen Meister.

ICH BIN die Gegenwart Gottes und segne diese Person...

ICH BIN in diesem Café die Unüberwindliche Wache, voll aufgestellt und erhalten.

ICH BIN die Gegenwart Gottes, in Harmonie mit den Aufgestiegenen Meistern, die jene Menschen in dieses Café bringen, für die ich hilfreich sein kann.

ICH BIN hier und mir wird gezeigt, wie ich jenen helfen kann, die mir gesandt werden.

ICH BIN dabei, das zu tun, was hier nötig ist.

ICH BIN der Segen aller, wohin ich auch gehe, in jeder möglichen Weise.

*ICH BIN Göttliche Heilung, die hinausgeht und
alle heilt.*

*ICH BIN die Auferstehung und das Leben aller
hier Anwesenden.*

Es ist recht einfach, doch sehr kraftvoll. Du
kannst diese Art von Arbeit überall tun, wo immer du bist, solange du dich zuvor innerlich aus-
richtest. Dann sprich die Worte innerlich, und
setze ihre Kraft frei. In dem Raum zwischen den
Affirmationen kehre zurück zu stillem Bewusstsein. Dies ist Meditation in Aktion – eine Form
von Meisterschaft.

KAPITEL 12

Meditation auf Bewusstsein

Aus einem Vortrag vom 22. November 2020

Ich möchte sagen, dass wir hierin alle zusammengehörig sind, weil wir alle Teile des Einen sind, von derselben Quelle sind. Wir sind im Inneren alle verbunden, Tropfen aus dem selben Meer von Gottes Bewusstsein. Es scheint den Atlantik zu geben, den Pazifik, und den indischen Ozean, doch diese einzelnen Meere sind miteinander verbunden. Wenn du Tropfen aus diesen Meeren nimmst, sind die Tropfen doch mit ihrer Quelle und miteinander verbunden. So sind wir alle verbunden.

In *Leaves of Grass*, dem berühmten Gedichtband von Walt Whitman (1819 - 1892), setzt er in einer Analogie Menschen mit Grashalmen gleich. Jeder von uns ist ein separater Halm, doch gleichzeitig Teil des ganzen Rasens. Wir sind individuelle Verdichtungen aus der Großen Quelle, die jenseits von Name und Form ist, jenseits von Raum und Zeit:

In allem Volk seh' ich mich selbst,
keiner ist mehr und keiner ... geringer.
Ich existiere, wie ICH BIN, das ist genug.

– Walt Whitman, *Gesang von mir selbst*

Als ich ein kleiner Junge war, war meine Mutter sehr stolz auf ihren Diamant-Verlobungsring. Er glitzerte wie ein Regenbogen. Aber ich war nicht beeindruckt, und so sagte ich eines Morgens: "Mama, schau nach draußen auf den Rasen. An jedem Grashalm ist ein Tautropfen, und in jedem Tropfen glitzert ein Regenbogen. Jeder dieser Regenbogen ist ebenso schön wie der in deinem Diamantring". Tatsächlich dachte ich, dass der Regenbogen im Tau schöner war, da er jeden Morgen magisch erschien und nichts kostete. Es war ein Wunder.

Ein noch größeres Wunder ist in uns. Wie der Tau sind wir eine Kondensation von Gott-Bewusstsein. Jeder von uns ist befähigt, in anderen diese Ehrfurcht vor der Gott-Gegenwart anzuregen. Ähnlich wie die Luftfeuchtigkeit sich am Morgen als Tau niederschlägt, kondensierte vor einer Ewigkeit Gottes Bewusstsein als unsere ICH BIN-Gegenwart.

Diese Gegenwart schickt eine Lichtröhre hinunter in den ätherischen Körper, den Einige das Christus-Selbst oder die Seele (Sanskrit: *Jiva*) nennen. Diese Seele ist immer mit dir, ob du schläfst oder wach bist, und du kannst Sie aufrufen, tätig zu werden. Die Lichtröhre geht weiter hinunter durch deine Schädeldecke und ist verankert in der Mitte deiner Brust nahe des Brustbeins, wo sie eine Flamme speist, die im Sanskrit *Jyoti* genannt wird. Diese Flamme, die ein Brennpunkt der Liebe, Weisheit und Kraft ist, erhält dich am Leben. Sie kann auch ausgesandt werden, um andere zu erwecken, zu segnen und zu heilen.[23]

Während du Liebe fühlst, geht diese Liebe hinaus zu allen anderen. Deshalb ist der größte Dienst, den du jetzt sofort geben kannst, dich selbst zu lieben. Ich meine nicht, dein illusionäres Ego-Selbst zu lieben, sondern dein Gott-Selbst. Das wirkt auf jeden ein. Was du hier und jetzt erlebst, geht hinaus zu den Menschen, die in deiner Nähe wohnen wie auch zu den Menschen, die in deiner Stadt und in deinem Land wohnen – selbst zum ganzen Planeten. Wir verändern die Erde in diesem Augenblick – wandeln Negatives in Positives, Hass in Liebe, Materie in spirituelles Bewusstsein.

Wir haben alle eingewilligt, zu dieser Zeit an diesem Ort zu sein, um die Herrschaft Gottes zu erfahren. Anstatt dem Negativen anzuhängen, können wir unsere Aufmerksamkeit auf das Positive richten. Unsere Aufmerksamkeit auf Gott zu richten, ist der größte Dienst, den wir erweisen

---

23 Ich wurde auf eine solche Weise mit einer Übertragung von Gott-Bewusstsein durch die indische Heilige Anandamayi Ma (1896 - 1982) gesegnet, als ich sie in Indien in der Nähe des Tempels Jagannath in Puri auf der Straße traf. Ihr Sanskrit-Name kann übersetzt werden als "Von Segen durchdrungene Mutter". Sie war befreundet mit Paramahansa Yogananda, der über sie in seiner *Autobiographie eines Yogi* schrieb. Die vollständige Geschichte meiner vier lebensverändernden Begegnungen mit ihr sind beschrieben in meiner Autobiographie, *Abenteuer eines Westlichen Mystikers*, Bd. I, *Suche nach dem Guru*, BoD, 2015.

können. Das hat eine Auswirkung auf den ganzen Planeten. Während du die nächste Meditation machst, wirst du wie der Router einer kabellosen Netzwerkverbindung Gott-Bewusstsein überallhin übertragen.

Ich rufe die Aufgestiegenen Meister an, bei uns zu sein. Tatsächlich wenden sie sich an uns, diesen Dienst der Menschheit zu erweisen – regen sie uns an, zusammenzukommen, um dies für sie zu tun. Es ist ein Dienst auch für uns selbst, denn was du aussendest, kommt vielfach verstärkt zu dir zurück. Wenn du Liebe willst, gebe Liebe. Wenn du Mitgefühl möchtest, fühle Mitgefühl für andere. Keine Person, kein Guru, keine Kirche, keine Lehre hat die vollständige Wahrheit. Wie der chinesische Poet, Lao Tzu in *Tao Te Ching* im vierten Jahrhundert v. Chr. sagte:

Die Wahrheit, die man aufschreiben kann,
ist nicht die Wahrheit.

Ein Lehrer kann nur den Weg weisen. Lasst uns nun nach innen gehen, und die Realität Gottes im Inneren erleben, Lasst und jenseits der Dualität, jenseits von Raum und Zeit gehen, in Reines Bewusstsein.

Meditation:

Schließe deine Augen und fühle das Einatmen und Ausatmen, das Heben und Senken deiner Brust. Das wird dir helfen, deinen Geist zu beruhigen. Atme einfach natürlich, und fühle das Heben und Senken – ganz einfach. Der Atem wirkt wie ein stilles Mantra, das immer weitergeht. Während sich dein Geist verlangsamt, erkennst du, dass es einen Raum zwischen den Gedanken gibt. Es ist das Umherwandern der Gedanken, das dich mit deinem Körper und deinem Ego verbunden hält, wie ein kleiner Hund an der Leine, der diesen und jenen Weg gehen will. Veranlasse deinen Geist, zu gehorchen und in der Stille zu ruhen. Dann erkenne in dir selbst:

ICH BIN nicht mein Körper –

ICH BIN nicht mein Geist –

ICH BIN nicht meine Emotionen.

ICH BIN der Beobachter
und überwache diese.

Identifiziere dich mit diesem Beobachter. Stell dir vor, du befindest dich in einem Raum, der von deinem Bewusstsein erschaffen wurde. Dein Geist ist eine Bewusste Lichtkugel in der Mitte dieses Raumes, die sich nach außen erweitert...über den Raum hinaus erweitert. Das

Licht deines Geistes dehnt sich über das Dorf hinaus aus...über die Stadt hinaus, das Land, über alle Grenzen hinaus...ja über die ganze Erde hinaus...und strahlt in den Weltraum. Diese Kugel des Bewusstseins wird Eins mit Allem...und du erkennst, du bist Alles. Bleib eine Weile dabei.

Während du aus diesem erweiterten Bewusstsein auftauchst, werde dir wieder deines Selbst als ein Individuum gewahr, als ein Strahl von der Großen Zentralsonne, als ein individueller Strahl Gottes. Nun kannst du dich als ein Schöpfer mit den Worten ausdrücken, *ICH BIN*. Diese Aussage ruft die Quelle hervor. Wenn du in deiner Muttersprache *ICH BIN* denkst oder sagst, rufst du Bewusstsein hervor, um sich in welcher Form auch immer zu manifestieren, je nachdem, welche Worte du dem ICH BIN folgen lässt. Was du sagst, fühlst und visualisierst, ist das, was du in die Existenz bringst.

Es ist wichtig, *ICH BIN* aus der Mitte deines Gott-Bewusstseins heraus zu sagen, nicht aus dem Ego. Manche Leute verwenden das ICH BIN, um aus dem Ego heraus zu erschaffen, und landen in Umständen, die ihnen nicht dienlich sind, oder gelangen zu unnötigem Besitz, der sie belastet. Da wir auf den Göttlichen Willen abgestimmt sind, können wir das ICH BIN verwenden, um Frieden und Liebe auf die Erde zu bringen. Um das zu tun, können wir von Herzen sagen:

ICH BIN Friede auf Erden.

ICH BIN Friede, der in die Welt hinaus strahlt.

ICH BIN die Gegenwart Gottes,
die Frieden zu meinen Brüdern und Schwestern
und zu allen Kindern Gottes
ausstrahlt.

ICH BIN der Friede,
der alles menschliche Verstehen übersteigt.

Ich fühle Dankbarkeit, zu dieser Zeit hier zu sein.

ICH BIN aus dem großen Meer der Ewigkeit zu
diesem Zeitpunkt in Raum und Zeit hervorge-
kommen,
um unter den Menschen auf dem Planeten Erde
präsent zu sein,
um die Erfahrungen zu machen, die ich gerade
mache,
und um aus dieser Erfahrung in der Meister-
schaft zu wachsen.

Es ist wie in einem Film, in dem wir uns frei-
willig anboten, Darsteller zu sein. Wir sind alle
Helden und Heldinnen in diesem großen Film,
bei dem Gott die Regie führt. Spiele deine Rolle
gut, doch vergiss nicht, dass es ein Film ist, an
dem mitzuwirken du gewählt hast, und durch
den du lernen kannst. Durch das Betrachten deines Lebensfilmes kannst du lernen, wie du anderen helfen kannst. Wir haben uns entschieden,

diese besondere Rolle anzunehmen, die Gott aus unendlicher Gnade heraus uns zu spielen erlaubt hat – die Illusion anzunehmen, nicht Gott zu sein, damit wir uns wieder daran erinnern können, dass wir Gott sind. Spiele deine Rolle meisterlich. Wisse, dass dies ein Film ist, der eines Tages enden wird, und du dann zur Quelle zurückkehren wirst.

Sage nun und fühle:

ICH BIN die Gegenwart Gottes an diesem Punkt in Raum und Zeit, der Rolle vollkommen bewusst, die ich in dieser Göttlichen Illusion spiele, und ich spiele meinen Part gut.

Die Aufgestiegenen Meister, die einst alle Menschen wie wir waren, sind unsere älteren Brüder und Schwestern. Jesus, Saint Germain, Mutter Maria, Quan Yin und die Taras sind alle Aspekte unserer selbst in diesem großen Schulungsraum des Lebens. Ich fühle das Herz in Jedem von euch. Ich fühle eure Liebe und Dankbarkeit, weil ich ein Teil von euch bin, und ihr seid ein Teil von mir in diesem großen Meer Göttlichen Bewusstseins – von Vater-Mutter-Gott, in dem wir Eins sind.

Denke daran, ein Ruf an irgendeinen Aufgestiegenen Meister ist ein Ruf an alle. Der Aufgestiegene Meister, der dir am besten helfen kann, ist jener, der antworten wird. Sie werden wohl nicht sichtbar kommen oder in Person, oder zu dir hörbar sprechen, aber sie sind bei dir – insbesondere deine eigene ICH BIN-Gegenwart. Du bist in jedem Augenblick mit deinem Gott-Selbst verbunden. Diese ICH BIN-Gegenwart hört jedes deiner Worte, jeden Gedanken und jedes Gefühl. Wende dich an diese Quelle für das, was du brauchst, und fordere ein, was dein ist. Albert Einstein sagte:

Realität ist nur eine Illusion,
wenn auch eine sehr hartnäckige.

Innerhalb dieser Illusion lernen wir Darsteller und Künstler zu sein. Jeder Künstler malt ein etwas anderes Bild, selbst von derselben Blume. Wir haben uns entschieden, uns als individuelle Wesen zu manifestieren, zur größeren Freude für Gott – weil Gott nicht nur eine Art von Blume wollte, sondern eine Vielfalt: Rosen, Lilien, Orchideen und Sonnenblumen. Gott manifestierte Viele aus einem Grund. Jeder von uns ist eine besondere, einmalige Blume, die geschätzt werden sollte.

Wenn du abends zu Bett gehst, kannst du deinen Körper verlassen und in höhere Welten gehen, in Daseinsebenen mit höheren Schwingungen, wo es Erleuchtete Wesen gibt, die darauf warten, dir zu helfen. Du kannst zu den Aufgestiegenen Meistern gehen, und Schulung bekommen, um zu lernen, wie man anderen hilft. Selbst in diesem Moment hilfst du, auf anderen Ebenen und in unterschiedlichen Schwingungen, Menschen an verschiedenen Orten auf der Erde. Wir leben gleichzeitig in mehreren Schwingungen und Körpern. In der Meditation, und wenn du abends schlafen gehst, kannst du bewusst hinausgehen und von diesen Ebenen aus anderen Menschen helfen.

Um dies zu erleichtern, meditiere, bevor du schlafen gehst, und bitte darum, mit deinem Christus-Selbst zu verschmelzen, um weiterzugehen im Dienen für jene, die in Not sind. Bitte darum, unüberwindlich geschützt zu sein durch das Schwert der Blauen Flamme des Erzengels Michael und seiner Legionen des Lichts. Du lernst dabei, indem du es tust. Rufe Gott auf, in Tätigkeit zu treten, in der Form, die für dich am natürlichsten ist und die zu dir am besten passt.

Wisse, dass wir auf der inneren Ebene alle verbunden sind, und dass die Aufgestiegenen Meister bei dir sind. Sie sind sich deiner nicht nur gewahr, Sie lieben dich und sind für dich da. *Ich liebe dich auch und segne dich.*

Kapitel 13

Die kostbare Perle

Die Meditation, die Pearl mich lehrte, ist so besonders, dass sie in der Schule gelehrt werden sollte. Sie ist sehr einfach, doch unglaublich kraftvoll. Ich musste die ganze Welt bereisen, nach Lehrern suchend, und viele Pfade erkunden, bevor ich bereit war, diese Meditation zu lernen.

Ich ging nach Tibet und Indien, und verbrachte Monate mit dem Guru von Ram Dass, Neem Karoli Baba. Ich verbrachte auch Zeit mit Anandamayi Ma, die ‚von Glückseligkeit Durchdrungene Mutter', und auch mit dem Avatar Sathya Sai Baba sowie mit vielen *Siddhas* (verwirklichte Wesen) im Himalaya. Ich erduldete große Notlagen, und sparte nicht an Ausgaben, um erleuchtete Wesen zu finden, und auch wenn ich viele Wunder sah, lehrte mich niemand, was mich eine kleine ältere Dame in einer kleinen Holzfällerstadt im nördlichen Kalifornien lehrte.

Pearl lebte nicht in einem Ashram oder Tempel, sondern in einer normalen Wohngegend, in einem kleinen Haus am Ende der Straße. Das war noch vor dem Internet, und es gab keine Anzeigen oder Artikel über sie. Die Leute erfuhren durch Mundpropaganda von ihr. Sie sah ein wenig wie Yoda in dem Film *Star Wars* aus, war aber eine fünfundsechzigjährige Hausfrau und die Lehrerin, zu der Saint Germain mich sandte.

Die Geschichte darüber, wie Saint Germain in Muir Woods in physischer Form vor mir erschien, wird in meiner Autobiographie Bd. II, *Im Dienst der Meister*, erzählt, und auch in mehreren meiner YouTube-Videos. Zu der Zeit sagte Saint Germain zu mir, "Die erste Person, der du in Mount Shasta begegnest, wird dir sagen, was du als Nächstes zu tun hast."

Nachdem ich in Mount Shasta angekommen war, frühstückte ich im *Breakfast House* in der Main Street, und es kam ein junger Mann auf mich zu, dem der Bioladen gehörte, und er sagte zu mir, „Du sollst eine Dame namens Pearl aufsuchen".

Der junge Mann sagte, "Du kannst mein Telefon benutzen".

Ich ging zu seinem Bioladen und rief Pearl an.

"Komm gleich rauf", sagte sie.

Als ich bei ihrem Haus ankam, klopfte ich an die Tür. Die Tür wurde von einer liebenswerten kleinen Dame geöffnet, die aussah, als wäre sie die Großmutter von jemandem.

"Ich habe dich erwartet", sagte sie.

"Wie können Sie mich erwartet haben?", fragte ich verdutzt, da ich noch nie von ihr gehört hatte.

"Der Meister Saint Germain kam heute Morgen zu mir und sagte, dass er jemanden zu mir schicken werde."

"Das ist ja interessant", sagte ich erschrocken.

"Was hat dich hierher gebracht?", fragte sie, und schaute mich mit einem durchdringenden Blick an.

Ich erzählte ihr, wie sich Saint Germain vor mir in Muir Woods materialisiert hatte.

Ich hatte darüber nachgedacht, meinen Körper zu verlassen, so wie Yogis in Indien das zu tun vermögen. Ich hatte im Himalaya bei einem Yogi gelebt, der sich darauf vorbereitete, genau das zu tun. Ich wollte nicht mehr länger in dieser Welt leben. In New York hatte ich das schnelle Leben gelebt, das das Glück bringen sollte, hatte es aber nicht – so war ich also bereit, zu den höheren Welten zu gehen, wovon ich schon einiges erfahren hatte. Saint Germain hatte mir die Wahl angeboten, die physische Ebene zu verlassen, aber nachdem er mir das Leid der Menschheit auf der Erde gezeigt hatte, hatte ich gesagt, dass ich bleiben würde, um zu helfen. Dann sagte er, er würde meine Unterstützung wünschen, aber zuerst würde ich Ausbildung brauchen. Für diese Ausbildung sandte er mich zu Pearl, einer ehemaligen Assistentin von Godfre Ray King, dem Gründer der I AM Activity (ICH BIN-Aktivität). Pearl lehrte mich, wie ich bewusst das tun konnte, was Anandamayi Ma auf der Straße beim Tempel Jagannath in Puri, Indien, auf mich übertragen hatte.

Pearl erklärte mir, dass es in der Mitte der Brust, unter dem Brustbein, eine Stelle gab, die man im Sanskrit *Jyoti* nennt. Du kannst darauf klopfen und sagen, "Gott, Erwache". Gott ist natürlich immer wach, aber es ist dein Geist, der aufwachen muss. Dein Geist muss dazu erwachen, dass er ein Aspekt Gottes ist. Indem du mit diesem erwachten Selbst verschmilzt, beginnst du aufzusteigen, um den Regenbogenkörper zu erlangen.[24] Pearl betonte, dass dieser Aufstieg auch nach dem, das man 'Tod' nennt, erlangt werden kann, es ist also nicht notwendig, sich in eine Höhle zu begeben oder sich drastischen Entsagungen auszusetzen, um den physischen Körper zu erhöhen, in der Weise, wie es tibetische und chinesische Yogis tun.

Pearls Meditation mit offenen Augen

Dies ist eine Praktik, die den Aufstieg beschleunigt. Die Methode ist unglaublich simpel und jederzeit anwendbar – sie muss allerdings mit jemandem gemeinsam durchgeführt werden, der ebenfalls ein hingebungsvoller Praktizieren-

---

24 Ich besitze ein Foto vom Sechzehnten Karmapa, wie er ein Meditationsritual durchführt, bei dem man direkt durch die obere Hälfte seines Körpers hindurchschauen kann. Einer meiner Lehrer, der Meister Yu Tian Jian (1951-2011), erzählte mir, dass er, in den Bergen Chinas, anwesend war, als sein Lehrer, Hui Ling, aufstieg. Er sah Lichtblitze in allen Farben des Regenbogens. Als er zu der Stelle trat, wo sein Lehrer gestanden hatte, lagen dort nur noch seine Haare und Fingernägel – der Körper war verschwunden.

der ist. Es ist eine Form des buddhistischen Tantra, bei der du das lückenlose Bewusstsein zwischen dir und der anderen Person wahrnimmst – und beide, dich und den anderen, als Gottheiten siehst, die Aspekte des Einen sind.

Beide Teilnehmenden lassen ihre Augen geöffnet, nicht starrend, sondern sie sehen sich gegenseitig an. Lass deinen Blick verschwommen werden, und richte deine Aufmerksamkeit auf die Mitte deiner Brust – auf die Stelle, die man in Indien *Jyoti* nennt, die Heilige Flamme – Der Tempel Gottes in deinem physischen Körper. Halte deine Konzentration direkt dort auf diesen heiligen Altar gerichtet.

Fühle den Atem ein- und ausgehen, das Heben und Senken deiner Brust. Dieser Vorgang verlangsamt deinen Geist. Während sich der Geist verlangsamt, betritt man den Zugang zum Heiligen Tempel des Bewusstseins, wo diese Heilige Flamme weilt. Sieh das Licht der Flamme heller und heller glühen, während sie zu einer Sonne wird. Während wir einander gegenübersitzen, sind da nun zwei Sonnen, die sich einander Licht zuleuchten.

Wenn es dir schwerfällt, eine Sonne zu visualisieren, denke an Liebe. Denk an jemanden, den du liebst, und fühle diese Liebe aus der Mitte deines Wesens ausstrahlen. Je mehr du das denkst, desto stärker wird sie. Liebe und Licht sind zwei Aspekte Göttlichen Bewusstseins. Sage und fühle:

ICH BIN das Lebendige Licht.

Meditiere auf ICH, und das wird dich in deine Mitte bringen. Dann meditiere auf:

Was bin ich?

Das wird dich zu deinem Gott-Selbst bringen, von dem aus du Gott in Aktion rufen kannst, mit den Worten *ICH BIN.*

Dein Körper ist nicht wirklich physisch. Auch wenn er physisch erscheint, werden dir Wissenschaftler sagen, dass dein Körper zu 99,9 Prozent leerer Raum ist. Die verbleibenden 0,9 Prozent sind schwingende Energie mit einer bestimmten Frequenz. Es gibt nichts Festes. Alles ist Form, Energie und Schwingung. Du bist wirklich kein festkörperliches Wesen, sondern du bist Bewusstsein.

Wenn du diese Meditation mit einer anderen Person machst, halte deine Augen geöffnet, ohne zu starren, und du wirst um den Kopf der anderen Person herum langsam Licht sehen, dann vielleicht den ganzen Körper umfangend. Gestatte deinen Augen, unscharf zu sehen.

Wenn ich sage, *ICH BIN das Lebendige Licht,* schicke ich einen Lichtstrahl von meinem Herzen zu deinem Herzen, und du kannst dasselbe tun. Wir werden zwei Sonnen, und senden einander Licht zu. Wir sehen einander als Verkörperung Gottes. Es ist sehr schön, Gott schaut Gott.

Sage und fühle:

ICH BIN die Gegenwart Gottes und ich segne dich.

ICH BIN Göttliche Liebe, die zu dir strömt. ICH BIN der Lebendige Christus hier in Aktion.

Zwischen unseren Herzen fließt ein Lichtstrahl. Das ist die Bedeutung des Grußes *Namaste* in Indien: Der Gott in mir grüßt den Gott in dir.

Du kannst auch sagen:

ICH BIN die Heilende Gegenwart Gottes, die dich heilt.

Während des Meditationsvorganges und während du deine Aufmerksamkeit auf die Quelle hältst, mag das Licht, das in und um die andere Person und selbst in der Umgebung empfangen wird, sichtbar zunehmen. Diese Helligkeit kann bis zu dem Punkt zunehmen, wo die andere Person sich in Licht aufzulösen scheint. Die Übung kann beendet werden mit einem Verschränken der Finger, Handfläche an Handfläche, und mit einer Verbeugung gegenüber deinem Partner als Verkörperung Gottes, als eine Spiegelung von dir.

Dies kann auch allein durchgeführt werden, indem man sich selbst in einem Spiegel anschaut, mit derselben Absicht – Gott in sich selbst zu sehen.

Erkenne, dass du die andere Person nicht besitzen musst, denn die Liebe, die du fühlst, ist überall und in jedem. Das ist, was man unpersönliche Liebe nennt, auch wenn sie sich persönlich anfühlt – denn du fühlst sie in deinem eigenen Herzen.[25] Das ist Christus-Liebe.

25 S. dazu: Joseph Benner, *The Impersonal Life*, Devorss & Co, 1941; Dt: *Das unpersönliche Leben*, Verlag Dem Wahren-Schönen Guten, 2020 (15.Aufl.).

KAPITEL 14

Deine Schöpferkraft

Was immer du nach den Worten "ICH BIN" sagst, ist das, was du erschaffst. Indem du für das ICH BIN in dir die Verantwortung übernimmst, wirst du ein Meister. Vergewissere dich jedoch, dass das, was du erschaffen haben willst, aus der Inneren Führung kommt, und nicht aus dem persönlichen Begehren. Das ist nicht das Gesetz der Anziehung, das so stark propagiert wurde, wo du dir einen Ferrari wünschst, und dann Affirmationen machst, um schnellstmöglich einen zu bekommen. Frage zuerst Gott, "Was brauche ich?" Sieh, dass dein Ego und seine Begierden nicht im Weg stehen. Dann sage und fühle:

ICH BIN, was Gott will, dass ich es habe,
und bringe es ins Dasein,
und es kommt in vollkommener Göttlicher
Ordnung zu mir.

Jeden Morgen, wenn ich aufwache, sage ich:

ICH BIN der Große Göttliche Direktor dieses
Tages.

ICH BIN Gott in Aktion, den ganzen Tag.

Die Führung wird aus dem subtilen Empfinden in deinem Herzen kommen. Während du durch den Tag gehst, prüfe dein Herz und frage, "Fühlt sich das gut an, oder nicht?" Wenn es sich gut anfühlt, geh in dieser Richtung weiter – setze fort, was du gerade tust. Wenn es sich nicht gut anfühlt, halte inne, horch nochmal in dich hinein und sage:

Mir wird gezeigt, wohin ich gehen und was ich
tun soll,
und ICH BIN diese Tätigkeit.

Wenn du deinen Aufstieg beschleunigen willst, kannst du sagen und fühlen:

ICH BIN der Aufstieg ins Licht.

Dein Körper ist Bewusstsein und schwingt entsprechend deiner Gedanken. Du denkst, dass du ein Jemand bist. Du glaubst zu wissen, wer du bist, dass du durch deinen Namen, deine Arbeit, deine Persönlichkeit und durch Freunde begrenzt bist – aber wenn du diese Gedanken loslässt, bist du frei. Du kannst tun, was immer du möchtest, aber wenn du Aufsteigen willst, bringe mehr Licht in jeden Aspekt deines Lebens. Sage und fühle:

ICH BIN das Licht Gottes in Tätigkeit.

ICH BIN die Auferstehung und das Leben.

ICH BIN Eins mit Gott, hier und jetzt.

Jedes Mal, wenn du diese Worte sprichst, erhöhst du deine Frequenz und steigst auf. Bevor du jedoch darum bittest, vollständig in dein Höheres Selbst aufzusteigen, frage dich, "Bin ich wirklich bereit, diese Erde jetzt zu verlassen?"

Ich habe einige Male "Nein" gesagt. Wäre ich fortgegangen, hätten wir jetzt nicht diese Zusammenkunft. Ich fühle mich, als wäre ich auf halbem Wege zwischen hier und dort, aber ich habe gewählt, hier zu sein – oder zu einem gewissen Grade hier – so kann ich auf dieser Ebene mit euch Umgang haben. Wir können alle helfen, das Licht des anderen zu entfachen, wie die Sechzigerjahre-Gruppe The Doors in ihrem berühmten Song gesungen haben – 'Light my fire' (Entfache mein Feuer).

Ihr braucht nur ein Gegenüber, und ihr könnt diese Meditation zusammen machen – sogar online. Du kannst diese "Meditation des Schauens" mit einem Freund oder selbst mit deinem Spiegelbild machen. Sieh dein Abbild als die Gegenwart Gottes, und sage, *Ich segne dich.*

Oder schau in den Spiegel und sage,

Ich liebe dich, Gott,
bitte offenbare dich mir.

Dies wird nicht vom Standpunkt des Ego aus gemacht. Wahrlich, dein Wahres Selbst ist ein Gott, der gewählt hat, in dieser Form und in dieser Zeit zu sein. Du bist ein Gott, der wählt, hier auf der Erde etwas Neues zu lernen.

Bitte Gott:

Bitte zeige mir, was ich zu lernen habe.

Dann affirmiere:

ICH BIN, der lernt, was ich lernen muss,
in vollkommener Göttlicher Ordnung.

Das meinte Jesus, als Er sagte, *ICH BIN da, wenn zwei oder mehr in meinem Namen zusammenkommen.* Diese besondere Verbindung geschieht, wenn Menschen ihre Augen geöffnet haben und Christus in dem anderen sehen.

Die Essenz des Christus ist, in dieser Welt zu sein, um anderen Menschen zu helfen. Du kannst im Licht verweilen, so lange du willst, und es ist schön – du kannst so viele Affirmationen machen, wie du willst – aber wenn du das Christus-Licht und die Christus-Liebe mit einer anderen Person wirklich teilen möchtest, ist es wichtig, dass du deine Augen geöffnet hast.

In meiner Arbeit mache ich vieles mit offenen Augen, weil ich dann meine Aktivitäten in die menschliche Welt freigebe. Manchmal stehe ich am Morgen auf und drehe mich mit ausgestreckten Händen im Kreis, und sage:

ICH BIN die Gegenwart des Lebendigen Gottes und segne die Menschheit.

Oder ich drehe mich im Kreis als Violette Tara und sage:

ICH BIN das Violette Feuer und sende es durch die ganze Erde.

Die Menschheit braucht deine Hilfe, also sage zu jedem auf der Erde:

ICH BIN das Licht, fühle Es, denn ICH BIN die Gegenwart Gottes und segne dich, und segne die Menschheit überall.

Du beeinflusst jeden Einzelnen, ganz gleich, wo sich dein Körper aufhält, denn es gibt keine Entfernung zwischen den Gedanken. *Wo deine Aufmerksamkeit ist, dort bist du,* wie meine Lehrerin Pearl oft zu sagen pflegte. Während du in einem Zimmer in Des Moines in Iowa sitzt, kannst du Menschen in der afrikanischen Stadt Timbuktu beeinflussen. Das wurde von Menschen in einer großen Entfernung bestätigt, die die Energie fühlten, die ich sandte.

Da gibt es ein Gleichnis: Vor langer Zeit sagten die Meister, dass sie, weil die Menschheit in vergangenen Zeitaltern so ein Schlamassel angerichtet hat, das Geheimnis der Macht dort verbergen würden, wo die Menschen es für eine lange Zeit nicht finden würden – solange, bis sie gereinigt sein würden von aller Versuchung ihres Missbrauchs. *"Wir werden das Geheimnis dort verbergen, wo sie am allerwenigsten danach suchen werden – in ihren eigenen Herzen."*

Ich dachte, ich müsste zum Himalaya reisen, um dieses Geheimnis zu finden, aber alles, was ich tun musste, war, in mir selbst zu suchen. Ich hätte sogar in den Spiegel schauen können, wie als Kind – aber damals verstand ich das Licht nicht, das ich sah. Um zu verstehen und zu lernen, dieses Licht zu nutzen, musste ich weitere zwanzig Jahre warten – um meine Lehrerin Pearl zu finden.[26]

---

26 S. meine Biographie über Pearl, *Lady Master Pearl. In Erinnerung an meine Lehrerin Pearl Dorris*, BoD, 2015.

KAPITEL 15

Was ist mit der Welt?

Was den gegenwärtigen Zustand der Welt betrifft, lass dich nicht von den Nachrichten, Verschwörungen und der Disharmonie verleiten. Um zu verstehen, was vor sich geht, affirmiere:

Es gibt nichts Verborgenes, das ich wissen muss, das mir nicht offenbart wird in vollkommener Göttlicher Ordnung!

ICH BIN die erleuchtende, offenbarende Gegenwart, die mir die Wahrheit darüber zeigt.

ICH BIN es, dem gezeigt wird, warum das geschieht, und was die Lehre daraus ist.

ICH BIN es, dem gezeigt wird, was zu tun ist, und ich tu es!

Dann lass alle Vorurteile, Erwartungen, oder was du irgendwo gelesen hast, los. Die Wahrheit ist jenseits dessen, was die meisten Menschen begreifen – und definitiv jenseits dessen, was es in den Nachrichten gibt. Frage deine Gott-Gegenwart:

Was kann ich tun?

Möglicherweise geht es nur darum, ruhig zu sein, zu meditieren, und Liebe auszusenden. Die großen *Mahasiddhas* (hochverwirklichte Wesen) und Heiligen in der ganzen Welt, die in den Bergen leben, oder auch in Städten, mögen finden, dass ihre Rolle allein das Ausgießen bedingungsloser Liebe und Erleuchtung für die Welt ist – ihr Bewusstsein zu erweitern, um die Menschheit zu umfangen. Manchmal ist dies das Beste, was wir tun können. Diese großen Wesen wirken aus der absolut Göttlichen Notwendigkeit und inneren Führung Gottes, nicht aus irgendeinem persönlichen Begehren oder irgendeiner Emotion. Noch einmal, um dein Selbst zu meistern, meistere deine Aufmerksamkeit. Lass dich nicht von all den Theorien verführen, die dich glauben machen, du wüsstest die Wahrheit darüber, wer was tun sollte.

Was ist unsere Bestimmung? Wir sind hier, um Mitgefühl für alle Wesen zu lernen, um ihnen zu helfen, in ihre Göttlichkeit hineinzuwachsen.

Jemand fragte einmal den großen indischen Yogi, Ramana Maharshi (1879-1950), der die meiste Zeit seines Lebens am Mount Arunachala im südlichen Indien verbrachte, "Was tust du Gutes, wenn du hier an diesem Berg sitzt? Meinst du nicht, du solltest hinaus in die Welt gehen, und anderen helfen?"

Er antwortete: „*Welche Anderen?*"

In seinem Bewusstseinszustand waren alle anderen Teil von ihm selbst. Er wirkte auf die Menschheit ein, wie wir es alle tun, einfach durch unser *Sein*.

KAPITEL 16

Andere Meditationen

Es spielt keine Rolle, welchem Pfad du folgst, du kannst immer deinen Geist beruhigen. In der *Samatha*-Meditation (Friedvolles Verweilen; d.-Übers.) fühle einfach das Heben und Senken der Brust. Fühle das Einatmen und Ausatmen. Wenn dein Geist zu etwas wandert, zu einer Idee, zu einem Gefühl oder zu einer Empfindung, kennzeichne die Ablenkung mit "Denken", dann komme zurück zum Ein- und Ausatmen. Allmählich wird sich dein Geist entspannen, und du beginnst eine Wahrnehmung von Frieden und Stille zu fühlen. Du wirst entdecken, dass es zwischen deinen Gedanken einen leeren Raum gibt, in dem es die Erfahrung des Einsseins von Allem gibt. Lass dein Bewusstsein sich grenzenlos ausdehnen. Als nächstes kannst du die *Vipassana*-Praktik einführen und fragen, "Wer erlebt das?" Korrekter ist, nicht *Wer,* sondern *Was?* Identifiziere dich mit *Das.* Im Sanskrit heißt es: *Tat Twam Asi,* was bedeutet, "Du bist Das!"

Oder du kannst die leichte Meditation machen, die Saint Germain in *Enthüllte Geheimnisse* gibt. Stell dir ein großes Licht in der Mitte deines Seins vor. Dein Körper ist lichtdurchlässig, und in seiner Mitte ist eine *Sonne.* Ihr Sonnenlicht erfüllt jeden Teil deines Körpers und strahlt in den Raum hinaus. Erweitere und intensiviere dieses Licht. Sage und fühle:

ICH BIN das Licht Gottes.

Spüre die Nähe der Göttlichen Gegenwart –
Sie fühlt sich wie Liebe an. Das ist Gottes Liebe
in dir. Sage und fühle:

ICH BIN das Licht Gottes, das zu Allem
ausstrahlt. Ich liebe das Licht. Ich diene dem
Licht.
Ich lebe im Licht. ICH BIN das Licht.

Wenn du die wahre Natur der Wirklichkeit erkennst, wirst du die Dinge neu sehen. Die Veränderung, die gebraucht wird, ist die Veränderung
unserer Wahrnehmungen. Von Anbeginn der Zeit
war ICH BIN bekannt als die geheime Art und
Weise, Gott anzurufen – das Wahre Selbst – und
ein Wunder-Wirkender zu werden. Der Witz ist,
dass wir denken, dass diese Welt die höchste Realität ist, obwohl sie in Wirklichkeit nur unser
Traum ist, dessen Zweck es ist, uns das Lieben
zu lehren.

KAPITEL 17

Methoden der Meditation[27]

1. Vipassana: Kurz gesagt, sitze im Schneidersitz oder auf einem Stuhl, mit geradem Rücken, das Kinn leicht gesenkt, die Augen fast geschlossen und geradeaus schauend. Wenn du auf einem Stuhl sitzt, sollten die Füße flach auf dem Boden stehen. Die Hände ruhen auf den Knien oder im Schoß, wobei eine Handfläche in der anderen ruht. Die Zungenspitze liegt am Gaumen an (um den bio-elektrischen Kreis zu schließen). Beobachte das Einatmen und Ausatmen, und lasse deine Aufmerksamkeit in der Mitte der Brust ruhen. Wenn ein Gedanke aufkommt, kennzeichne ihn als *Denken*, und komme zurück zur Atmung. Dies führt zu einem Zustand, der im Sanskrit als *Shamatha* (auch Samatha; d. Übers.) bekannt ist.

Als nächstes erforsche die Natur des Selbst:

Was beobachtet den Geist?

Manche Lehren sagen, man sollte *Wer* fragen, aber das kann zurück zum Ego führen, also schlage ich vor, zu fragen, *Was* beobachtet? Dies führt zur Versenkung in das Meer des unbegrenzten Bewusstseins.

---

27 Diese Meditationen haben in anderen Traditionen andere Namen.

Diese zweiteilige Praktik wendete Siddharta Gautama an, um als der Buddha zu erwachen, als *der, der erwacht ist.*

2. Selbst-Befragung: Während du die obige beruhigende Shamatha-Praktik ausübst, kannst du auch dein Ego-Selbst untersuchen, die Gedanken, Gefühle und Emotionen, die beinah unablässig durch dein Bewusstsein kreuzen, und die der Reinigung bedürfen. Dies ist eine Form der Selbst-Therapie, die tiefsitzende emotionale Probleme heilen kann.

Frage:

Was fühle ich?

Wie kam dieses Gefühl in mir auf?

Wann habe ich dies zuletzt gefühlt?

Wann habe ich das zum ersten Mal erlebt?

Habe ich bei sonst jemandem verursacht, das zu fühlen, entweder in diesem oder in einem vergangenen Leben?

Ist es mir dienlich, dieses Gefühl zu haben?

Kann ich dieses Gefühl nun loslassen und Gelassenheit fühlen?

Ich fühle nun die Fülle der Gegenwart Gottes in mir.

ICH BIN meine eigene Heilung und die anderer, die auch ein Teil von mir selbst sind.

Du kannst auch die Violette Verzehrende Flamme anrufen, um energetische Überbleibsel aufzulösen, gefolgt von dem Schwert der Blauen Flamme des Erzengels Michael, um dich von aller Negativität für immer zu befreien.

3. Achtsamkeit: Dies ist eine Meditation in Aktion. Sie ist das logische Ergebnis aus den obigen Methoden der Meditation, übertragen in das tägliche Leben. Eine hilfreiche Methode, das Bewusstsein des Einsseins aufrecht zu erhalten, ist es, sich als erstes des Wahren Selbst gewahr zu werden, das im Herzen wohnt, dann des Wahren Selbst im Herzen der anderen Person gewahr zu sein, dann das Bewusstsein der ICH BIN-Gegenwart, Gott, über dem Kopf als den Beobachter beizubehalten. Diese drei Punkte des Bewusstseins gleichzeitig zu halten, befähigt einen, bewusst zu handeln, während man gleichzeitig im Einssein verweilt. Oder sei einfach mit einem offenem Herzen voll bewusst, ganz gleich, in welcher Situation du dich befindest.

Der tibetische Meditationsmeister Chögiam Trungpa Rinpoche beschreibt dies nachstehend sehr schön. Was er die Große Östliche Sonne nennt, ist die Lehre der grundlegenden Güte, und *Samsara* ist die Illusion, dass dich das konventionelle Leben glücklich macht.[28]

Halte die Traurigkeit und den Schmerz von Samsara in deinem Herzen, und gleichzeitig die Kraft und Vision von der Großen Östlichen Sonne. Dann kann sich der Krieger eine schöne Tasse Tee bereiten.

Mit anderen Worten, du bist dir des Leidens in der Welt und der Güte in deinem Herzen völlig bewusst – während du gleichzeitig in bewusster Aktion bist.

Diese Achtsamkeit kann durch die Anwendung der hier gegebenen Methoden zustande gebracht werden. Tibetische Lamas, einschließlich des Dalai Lama, sieht man häufig, wie sie ihre Perlen-Malas für das Rezitieren von Mantras gebrauchen, selbst wenn sie gehen oder Gespräche

---

28 Grundlegende Güte ist die Erkenntnis, dass unsere wahre Natur gut ist, selbst in jenen, die böse Dinge tun. Dies ist das Gegenteil der christlichen Glaubenslehre, die von dem Heiligen Augustin eingeführt wurde, die besagt, dass wir als Sünder geboren werden, eine Lehre, die man in den Worten Jesu nicht findet.

führen. Das hält ihren Geist im gegenwärtigen Augenblick verankert, frei von unwesentlichen Gedanken und Emotionen.

Im Buddhismus gibt es auch die Lehre vom 'Reinen Land', die keine formelle Sitzmeditation erfordert, wobei du alle Erscheinungen als den Körper, die Sprache, den Geist und das Herz des Buddha siehst. Wenn du einen Spaziergang machst, siehst du das Gras als die Haare des Buddha (oder der Göttlichen Mutter, die auch ein Buddha ist), die Blätter am Baum als die Hände des Buddha, alle Menschen, denen du begegnest, als lebende Buddhas, alle ausgetauschten Worte als die Worte eines Buddha, alle Gedanken, die dir kommen, als die des Buddha. Im Grunde wird alles als der Buddha aufgefasst, was dich aus der Dualität heraus und in die Welt jenseits des Ego bringt, wo nichts persönlich aufgefasst wird.[29]

4. Tantra: Auch *Vajrayana* genannt, aus dem Sanskrit oft mit Blitzschlag-Lehre übersetzt, erkennt an, dass Alles als Teil eines Netzes ununterbrochenen Bewusstseins existiert, dessen Bewusstsein verwirklicht werden kann, indem man externe Erscheinungen als einen Aspekt von sich selbst sieht. Diese Methode bedient sich eines

---

29 Die Lehre vom Reinen Land erwähnt traditionell nur den Körper, die Sprache und die geistigen Aspekte des Buddha; um die historische patriarchalische Tendenz des Buddhismus zu transzendieren, müssen wir jedoch die Aspekte des Herzens und des Fühlens im Bewusstsein miteinbeziehen.

Mantra, oder einer - in der Muttersprache - wiederholten Affirmation, eines *Mudra,* d.h. einer Geste oder Bewegung, und der Visualisierung. In der ersten Phase (Generierungsphase) visualisierst du vor dir eine spezifische Gottheit oder einen Aufgestiegenen Meister. Lasse dieses Wesen stetig realer werden. Siehe, wie dieses Wesen zu Licht wird, und mit dir verschmilzt. Dann wirst du dieses Wesen (Vervollkommnungsphase) und bringst die Aktivität dieser bestimmten Gottheit zur Ausführung. Wenn du beispielsweise Erzengel Michael anrufst, fühlst du, wie du selbst zu Erzengel Michael wirst, in einer gegebenen Situation in Aktion, dann nimm Sein Schwert der Blauen Flamme in die Hand und gebrauche es, um Menschen und Zustände zu befreien, und du sagst gleichzeitig:

ICH BIN Erzengel Michael in Aktion hier, und befreie alle Wesen von Begrenzung, für immer.

Schließlich gibst du das Schwert an Erzengel Michael zurück, und siehst Ihn entweder fortgehen, oder wie er weiterhin über der Situation verweilt, oder du siehst Ihn sogar über dir. Jedoch kehrst du zu deinem normalen Zustand relativen Bewusstseins zurück, als von der Gottheit getrennt. Diese Praktik kann auch mit *Yidams* gemacht werden, das sind Meditations-Gottheiten, die sich nie auf der Erde verkörpert haben, die aber Aspekte des Bewusstseins repräsentieren, die als reale Wesen angerufen werden können. Diese Methode wird in meinen zwei Büchern über die Violette Tara ausführlich erklärt.

Die Anwendung von ICH BIN-Affirmationen, wie sie in den Lehren von Saint Germain angegeben sind, ist, sofern richtig ausgeführt, eigentlich eine tantrische Praktik. Andernfalls, das heißt., wenn sie lediglich aus dem Verstand und mit der Sprache ausgeführt werden, ist sie einfach eine Übung des menschlichen Willens. Um wirklich wirksam zu sein, müssen Affirmationen aus dem inneren Bewusstsein heraus getan werden, frei von Ego, was nur durch Meditation erreicht werden kann.

5. Meditation mit dem Inneren Licht: Während du sitzt, beruhige deinen Geist, indem du deine Atmung beobachtest. Richte deine Aufmerksamkeit nach innen, auf die Mitte deines Wesens; das kann man in der Mitte der Brust fühlen. Das ist die Stelle, wo die Heilige Flamme der ICH BIN-Gegenwart in deinem physischen Körper verankert ist, und dich am Leben hält. Während du bei diesem Licht *(Jyoti)* in dir verweilst, beginnst du allmählich eine angenehme Empfindung der Liebe zu fühlen. Visualisiere eine Lichtkugel in der Mitte deiner Brust. Dehne dieses Licht immer weiter aus, bis es zu einer Sonne wird, deren Strahlen sich nach außen erstrecken. Wisse, dass dein Körper nichts Festes ist, sondern ein Brennpunkt von Gedanken und

Energie, die mit einer bestimmten Frequenz schwingen, und durchsichtig wird. Während die Sonne in dir sich ausdehnt, scheint dieses Innere Licht hinaus und erfüllt den Raum. Dehne dieses Licht noch weiter aus, und sieh, wie das Sonnenlicht deines Wesens die Welt und alle Schöpfung erfüllt. Sage und fühle:

> *ICH BIN das Lebendige Licht.*
> *ICH BIN die Sonne Gottes,*
> *und erleuchte die Welt.*

Eine ähnliche Lichtmeditation wird von Saint Germain im ersten Kapitel von *Enthüllte Geheimnisse* gegeben.

6. Sonnen-Meditation: Diese vereint die tantrische Meditation und die obige Lichtmeditation. Eine ideale Zeit zum Praktizieren ist direkt nach Sonnenaufgang oder kurz vor Sonnenuntergang. Andernfalls sollte diese Meditation mit geschlossenen oder nach unten gerichtete Augen praktiziert werden. Ohne in die Sonne zu starren, was die Augen schädigen würde, sei dir der Sonne als ein Brennpunkt Göttlichen Bewusstseins gewahr, und wisse, dass es eine ätherische Sonne gibt, die zusammen mit der physischen Sonne existiert und von Göttlichen Wesen bewohnt wird, die das Licht ihres Bewusstseins auf die Erde strömen. Sogenannte 'primitive' Gesellschaften, die Sonnenanbetung praktizierten, wussten das. Das Ziel ist nicht, einen physischen Himmelskörper anzubeten, sondern die Sonne als Spiegelung des eigenen Höheren Selbst, der ICH BIN-Gegenwart, über dir zu sehen. Während du aus deinem Herzen Liebe zur Sonne schickst, kannst du sagen und fühlen:

Ich liebe dich und danke dir, dass du das Leben auf der Erde aufrecht erhältst. Ich bitte dich, mein Bewusstsein mit deinem Bewusstsein zu durchdringen, so dass auch ich eine Sonne werde und Liebe, Licht und Heilung ausstrahle.

Du kannst auch das Gayatri-Mantra sprechen, das eine kraftvolle Sanskrit-Anrufung an Gayatri ist, die Göttin des Lichts, um deinen Geist, deinen Körper und deine Seele Eins zu machen mit dem Kosmischen Licht, während du sagst:

Om Bhūḥ Bhuvaḥ Suvaha,
Tat Savitur Varenyam,
Bhargo Devasya Dhīmahi,
Dhiyo Yo Naḥ Pracodāyat.

7. Meditation mit einem Mantra: Das Sanskrit-Wort *Mantra* besteht aus zwei Wurzeln: *Man* (Geist) und *Tra* (schützen), so ist ein Mantra das, was den Geist schützt. Sanskrit ist eine uranfängliche Sprache, die es vor der Existenz der irdischen Menschheit gab. Das obige Gayatri-Mantra, gab es, laut Sathya Sai Baba, vor der Existenz der Erde. Die Laute, aus denen sich das Sanskrit zusammensetzt, aktivieren die spirituellen Zentren, die Chakren, wie auch das feine Nervensystem, die *Nadis*. Das Sanskrit wurde von Anbeginn der Zeit verwendet, nicht nur, um die persönliche Evolution und Gesundheit zu fördern, sondern um die Schöpfung wieder herzustellen. Mantras sollten täglich in der vorgeschriebenen Anzahl rezitiert werden. Es hilft dir, dich zu konzentrieren und die Anzahl an Wiederholungen im Auge zu behalten, wenn du dir eine *Mala* hinzunimmst.Sie ist ähnlich wie ein katholischer Rosenkranz, hat aber genau einhundertacht Perlen.

Zu Beginn des Lernens ist es gut, wenn man das Mantra laut ausspricht, aber es wird kraftvoller, wenn man es dann still ausführt. Tatsächlich sagen die Tibeter, dass jedes Mantra auf vier Arten rezitiert werden kann: äußerlich, innerlich, geheim und verborgen, das sind Methoden, die man nicht mündlich erklären kann.

Es gibt gewisse gut bekannte und kraftvolle Mantras, wie das obige Gayatri-Mantra, oder das Tara-Mantra weiter unten, die mit großem Nutzen verwendet werden können:

Om Tare Tuttare Ture Swaha.

Es gibt auch das Vajra Guru-Mantra, das insbesondere für die gegenwärtige Zeit von Padmasambhava gegeben wurde:

Om Ah Hung
Vajra Guru
Padma Siddhi Hung

Die ersten drei Worte repräsentieren das Dritte-Auge-Zentrum des Bewusstseins, das Sprachzentrum und das Herzzentrum. Das Vajra Guru ist deine ICH BIN-Gegenwart, die sich als der unzerstörbare Lehrer, der überall und in Allem ist, manifestiert. Padma ist der Lotus der Göttlichen Mutter, die dich immer mit ihrer Umarmung umfängt. Siddhi Hung affirmiert dein Erreichen der vollen Kraft und das Zutandebringen dieses Mantras.

Das Chenrezig-Mantra ist für das Erzeugen von Mitgefühl:

Om Mani Padme Hum

Weitere spezifische Mantras kannst du von dem seltenen, erleuchteten Wesen erhalten, das du in der Meditation, in Antwort auf deine Bitten an den Vajra Guru hörst, oder von einem kompetenten vedischen Astrologen. Die Mantras mit ein oder zwei Worten, die von Organisationen an die Öffentlichkeit vermarktet werden, haben, auch wenn sie zur Verbesserung der Konzentration hilfreich sind, nicht viel langzeitigen spirituellen Nutzen. Wenn du ein persönliches Mantra bekommst, sag es niemandem oder diskutiere nicht mit anderen darüber, da dies die akkumulierte Energie entleert, die durch deine Praktik erlangt wurde.

Auf der grundlegendsten Ebene hilft die Wiederholung eines Mantra, den Geist zu beruhigen, mit dem Ergebnis, die Ruhe zu erlangen, die einem erlaubt, sich in das uranfängliche Selbst einzustimmen, was Erleuchtung fördert. Auf einer anderen Ebene reinigen die Schwingungen von Sanskrit das niedere Selbst wie auch die Umgebung. Das Mantra ist auch ein intrinsischer Bestandteil der oben gegebenen Praktik, das während der Visualisierung der Gottheit wiederholt wird. Tatsächlich erleichtern die Klangfrequenzen die Vervollständigungsphase, während der du mit der Gottheit eins wirst.

8. Liebe-Meditation: Wir hören immer, *Liebe dich selbst.* Aber wie? Die meisten Menschen interpretieren das dahingehend, dass man das menschliche Selbst, die ego-basierte Persönlichkeit lieben und schätzen sollte. Die Menschen wurden unterwiesen, an die guten Dinge, die sie getan haben, zu denken, an gute Aspekte ihrer Persönlichkeit, und stolz auf sich selbst zu sein. Dies ist jedoch nur das illusorische Selbst, und diesem Respekt zu zollen, verstärkt nur den Stolz, die Eitelkeit und die Anhaftung an das Ego. Liebe für das Wirkliche Selbst ist etwas ganz anderes, und führt nicht nur zu größerer Liebe für Gott, für das Höhere Selbst, sondern zu größerer Liebe für die Menschheit.

Stell dir dich selbst vor, wie du ein Säugling warst, vielleicht drei Monate alt. Du wurdest von jemandem gehalten, der dich sehr liebte – wahrscheinlich von deiner Mutter, aber möglicherweise auch von einer Tante, einer Cousine oder von einem der Geschwister. Diese Person hält dich in den Armen und schaut dich mit großer Zärtlichkeit, Liebe und Mitgefühl an. Nun stell dir dich selbst anstelle dieser Person vor – und halte dein Kind-Selbst in deinen Armen. Schau auf diesen hilflosen, zarten, liebenswerten Säugling hinunter und sage:

Ich liebe dich. Ich werde dich immer lieben. Du bist ohne Tadel und ganz und gar gut. Du wirst in diesem Leben durch viele Herausforderungen gehen, aber du sollst wissen, ich werde dich immer lieben und für dich da sein.

Fühle, wie dein Herz aufgeht. Dein Kind-Selbst fühlt die Liebe auch, und es wird mehr und mehr ein Lichtwesen, während es mit deinem Herzen verschmilzt. Allmählich wird dein Kind-Selbst eins mit deinem Inneren Licht. Du kannst sagen und fühlen:

ICH BIN Liebe. ICH BIN Licht.
ICH BIN ganz rein und vollkommen.

Sieh, wie sich das Licht in deinem Herzen ausdehnt. Dein Körper wird durchsichtig wie ein Kristall, während das Licht deinen Körper erfüllt und in den Raum hinaus strahlt. Diese Kugel aus weißem und goldenem Licht wird von dem rosa Licht der Göttlichen Liebe eingehüllt, während es fortfährt, sich nach außen zu erweitern. Sage und fühle:

ICH BIN Göttliche Liebe und strahle in die
Menschheit hinaus. Meine Liebe ist Gottes Liebe.
Gottes Liebe erfüllt die Wellt,
und ICH BIN diese Liebe!

Wisse, dass in jedem anderen ein solches Kind ist, wenn du also an jemanden denkst oder mit ihm sprichst, sei dir dieses Kindes bewusst, das verletzt wurde, das deine Liebe und dein Verständnis braucht. Sende Liebe aus deinem Herzen zu diesem Kind, das in den Herzen aller Wesen weilt.

9. Tonglen: Mitgefühl

Dies vereinigt einige der obigen Methoden und verschiebt den Schwerpunkt etwas von der Selbst-Erleuchtung zur Erleuchtung für alle. Anstatt das Leiden als 'da draußen' zu betrachten, und zu denken, dass die Menschen 'errettet' werden müssen, erkenne stattdessen, dass die Anderen Aspekte deiner selbst sind. Meditation auf ihr Leid wird zu einem Mittel, dein eigenes Leid zu lindern, und deine eigene Liebe und dein Mitgefühl auszudehnen.

Sei dir als erstes deiner Atmung bewusst, des Einatmens und Ausatmens, bis du ruhig und gelassen wirst. Dann fühle das Licht in der Mitte deiner Brust, das du vielleicht mehr als Liebe empfinden magst, oder einfach als Energie.

Du willst nicht das Leid von anderen übernehmen, denn dann wäre da noch mehr Leid. Du wirst den Zustand umwandeln. Das tust du durch das Aussenden von Liebe. Stell dir vor, das Leid ist wie ein Nebel. Es gibt darin eine Art Schwere, derer du gewahr wirst, wenn du einatmest – dann atme die Leichtigkeit von Licht, Liebe und Freude aus.

Beim Einatmen bist du dir der Schwere bewusst, und mit der Ausatmung fühlst du deine Leichtigkeit hinausgehen in die Welt, und die Herzen, den Geist und die Seelen aller Wesen mit Liebe und Freude erfüllen. Du wirst ein riesiger Segen für die Menschheit als auch für dich selbst. Was du aussendest, ist das, was du zurückbekommst. Was du denkst, ist das, was du bist. So ist es besser, an Liebe und Freude zu denken. Denke und fühle:

ICH BIN ein Übermittler von Licht, Liebe und Freude, die mein Herz, meinen Körper, mein Heim, meine Gemeinde, mein Land, und die ganze Erde erfüllen.

Stell dir vor, du bist in deinem ätherischen Körper, der aus Licht besteht, dein Herz ist eine große, sich ausdehnende Sonne. Strahlen der Liebe und des Mitgefühls fluten hinaus aus deinem Herzen in die Welt, und die Erde wird ebenso zu einer Sonne. Du sagst und fühlst:

ICH BIN eine Sonne Gottes, die die Menschheit mit Licht, Liebe und Glück erfüllt.

ICH BIN die Violette Verzehrende Flamme, die die ganze Erde durchflutet und alles auflöst und verzehrt, was weniger ist als Vollkommenheit.

ICH BIN meinen älteren Brüdern und Schwestern dankbar: Mutter Maria, Maria Magdalena, Quan Yin, El Morya, Kuthumi, Paul der Venezianer, Serapis Bey, Hilarion, Jesus,

*Saint Germain, Lord Maha Chohan, dem Großen
Göttlichen Direktor, dem Mächtigen Victory,
Sanat Kumara und allen Engeln, Erzengeln und
Kosmischen Wesen. Vor allem, ICH BIN meiner
Gott-Gegenwart dankbar, ohne die mein Herz
nicht schlagen würde. Danke, liebe Gott-
Gegenwart, dass du mich in diesem Körper am
Leben erhältst; gesund und arbeitsfähig, sodass
ich meine Mission auf Erden erfüllen kann.*

Auf diese Weise wirst du Gott in Aktion, an
deinem Ort, in Raum und Zeit, und entwickelst
dich, während du der Menschheit bei ihrer Evolution hilfst.

Du hast eine göttliche Mission. Wenn du nicht
weißt, was diese ist, sage:

*ICH BIN die Auferstehung und das Leben
meiner göttlichen Mission auf Erden,
nun vollständig manifestiert.*

Diese Mission mag sich in sehr bescheidener
Weise manifestieren. Es könnte nur das Meditieren sein. Es muss nicht sein, dass du hinausgehst
auf die Straße wie Mutter Theresa, und die Ob-
dachlosen versorgst, obwohl es auch das sein
könnte. Einfach zu sein, und Negatives in Positives umwandeln, ist eine erstaunliche und fantas-
tische Mission. Sogar nur zu fühlen:

ICH BIN Liebe.

10. Spontanes Bewusstsein: Dies ist keine
Methode, sondern ein Bewusstseins-Zustand, bei
dem es kein Gewahrsein deines menschlichen
Selbst gibt, keine Persönlichkeit, keine Umgebung, kein Gewahrsein der Welt. Du gehst in einen Zustand von *Satchitananda* ein, was frei
übersetzt etwa soviel bedeutet wie Sein, Bewusstsein, und Glückseligkeit. Jedoch sind diese
Worte unzureichend, um zu beschreiben, was
jenseits der menschlichen Wirklichkeit ist, und
wahrnehmbar nur, nachdem das relative Bewusstsein wieder zurückgekehrt ist. Dieser Zustand kann auf verschiedenen Wegen erlangt
werden, und gewöhnlich nur, nachdem man gelernt hat, den Geist zu beruhigen und die Natur
des Selbst zu erforschen. Jedoch kann sich in seltenen Fällen Samadhi auch spontan durch Göttliche Gnade manifestieren. Es gibt auch unterschiedliche Ebenen der Versunkenheit.

Dies ist eine Meditation ohne Unterstützung,
da du in den Zustand des Bewusstseins spontan
und willentlich eintrittst, ohne eine Methode an-
zuwenden. Einige der vorigen Methoden sind
Meditationen mit Unterstützung, die verschiedene Techniken verwenden, wie ein Mantra oder
das Beobachten der Atmung, um sich in einen
höheren Bewusstseinszustand zu versetzen.

Diese Erkenntnis der Einheit mit dem Absoluten ist das Fundament des Advaita Vedanta. Du bist dir gewahr, dass du eine ewige Seele, *Atman,* bist, die Eins mit Gott, *Brahman,* ist, doch du bist dir auch gewahr, dass du in der Welt bist – die du als eine Illusion wahrnimmst, die dich nicht beeinflussen kann. Wie es im Sanskrit heißt: *Tat Twam Asi.* Das ist der Pfad, der von dem indischen Weisen Ramana Maharshi so klar verkündet wird. Dies ist auch die Verwirklichung von Zen und der tibetischen Praktik Dzogchen (*Maha Atti),* wo man sie als Meditation ohne zu meditieren versteht.

EINE KURZGEFASSTE METHODE DER SELBST-BEFREIUNG

Inspiriert von Padmasambhava, 11. Juli 2021

Der große erleuchtete Meister im Tibet des achten Jahrhunderts, Padmasambhava, sah die dekadenten Zustände unseres gegenwärtigen Zeitalters voraus, einschließlich der Invasion Tibets, und er sagte, *Wenn die eisernen Vögel fliegen und die Pferde auf Rädern laufen, wird der Dharma in das Land der Roten Menschen gehen* (Ureinwohner Amerikas). Die Methode, die ich hier vorstelle, wurde von Padmasambhava angeregt, um den buddhistischen Dharma auch den westlichen spirituellen Anwärtern zugänglich zu machen – denn unsere gegenwärtige Zeit der Verwirrung erfordert eine klare, bündige Unterweisung zur Verwirklichung unserer wahren Natur. Die folgende Praktik ist selbst-befreiend und sie enthält das Fundament buddhistischer Lehren: das *Ngondro Gebet* (einführende Praktik), die *Vier Gedanken, die den Geist dem Dharma zuwenden,* und die *Vier Edlen Wahrheiten* (die den *Achtfachen Pfad* einschließen).

Denke im Stillen und fühle:

Ich werfe mich nieder vor dem Buddha, dem Dharma, und der Sangha.

Im Westen sind wir so erzogen worden, dass wir uns vor niemandem verbeugen müssen, doch sich vor Gott zu verbeugen, ist nicht dasselbe wie sich vor einer Person oder einem Herrscher zu verbeugen, und es ist ein kraftvoller Weg, dein Ego zu bezwingen. Werfe dich flach auf den Boden, Hände ausgestreckt über dem Kopf, und ergebe dich dem Lebendigen Gott, und du wirst erstaunt sein, wie gut sich das anfühlt. Du übergibst dein verwirrtes niederes Selbst deinem allwissenden Höheren Selbst, Gott, was die Buddhisten dein Dharmakaya oder deine Buddha-Natur nennen. Du schwörst auch, dem Dharma zu folgen, dem Pfad der Befreiung, als dem leitenden Prinzip deines Lebens. Schließlich verbindest du dich mit der Sangha, der Gemeinde deiner Mit-Anwärter sowie mit allen erleuchteten Wesen, die denselben Pfad zur Buddhaschaft gegangen sind.

Erhebe im Gebet deine Hände über deinen Kopf, dann berühre mit zusammengeführten Handflächen deine Stirn, deinen Mund und dein Herz, die einen erleuchteten Körper, Sprache und Geist repräsentieren. Beuge dich nach vorn und strecke dich auf den Boden aus, mit dem Gesicht nach unten und den Händen nach vorne reichend, zu den Füssen des Buddha, (deinem Höheren Selbst), den du dir vor dir stehend vorstellst. Stell dir deine Familie und Freunde auf beiden Seiten neben dir stehend vor. Sieh deine Feinde oder jene, durch die du dich bedroht, oder von denen du dich distanziert fühlst, vor dir stehend, wie sie ebenfalls dem Buddha gegenüberstehen und diese Übung ausführen. Das hilft nicht nur, andere zu befreien, sondern befreit dich von jeglicher Anhaftung an sie.[30]

Während du dich mit dem Gesicht nach unten ausstreckst, mit den Armen über dem Kopf nach vorn getreckt, sage schweigend:

Ich nehme Zuflucht in Buddha (Gott, deine ICH BIN-Gegenwart) und erflehe deine unaufhörliche Führung, bis ich volle Erleuchtung und Meisterschaft erlange.

Zuflucht nehmen heißt nicht, sich zu verstecken, sondern Führung suchen, Unterweisung wie auch Schutz.

Während du aufstehst, denke:

Bis Samsara endet, werde ich allen Wesen durch meine Gedanken, Worte und Taten Nutzen bringen.

Nach den Niederwerfungen setz dich hin und meditiere. Dann fühle:

---

30 Es gibt einige gute YouTube-Videos, die zeigen, wie man eine vollständige Niederwerfung ausführt.

Ich bin dankbar für dieses wertvolle Leben, das mir erlaubt, mich als ein Buddha zu erfahren.

Meditiere auf die Wahrheit des Karma, dass alle Gedanken und Energie sich im Kreis bewegen und zum Sender zurückkehren, und welche die Ursachen sind, die dich an deinen gegenwärtigen Platz im Leben gebracht haben:

Ich weiß, dass meine Erfahrungen in diesem Leben das Ergebnis meiner eigenen zurückliegenden Entscheidungen in vergangenen Leben oder früher in diesem Leben sind – so höre ich auf, Erfahrungen als gut oder schlecht zu betrachten – sondern als Lektionen, die mich in Richtung Meisterschaft und Befreiung von der Welt der Illusion bringen.

Denke über die Vier Edlen Wahrheiten nach:

Ich erwarte kein dauerhaftes Glück von der ständig sich ändernden Welt der Illusion.

Ich lasse alle Anhaftungen los, in dieser Welt der Illusion bestimmte Ergebnisse zu erzielen, und konzentriere mich stattdessen auf das, was ewig ist.

Ich bin dankbar, dass ich den Pfad zur Befreiung von Leid gefunden habe.

Ich werde nun den Pfad der Erleuchteten gehen, die mir vorangegangen sind. Ich werde gewissenhaft auf diesem Achtfachen Pfad gehen, und:

1. *Die Natur der Realität verstehen.*
2. *Aufhören, begrenzende Gedanken über mich und andere zu haben.*
3. *Die Wahrheit sprechen, nicht übermäßig reden, und nur Worte gebrauchen, die von Nutzen sind.*
4. *Nur in einer Weise handeln, die Nutzen bringt.*
5. *Gewissenhafte Anstrengung unternehmen, um diese Ziele zu erreichen.*
6. *Einem Lebensunterhalt nachgehen und einen Weg im Leben gehen, der anderen nutzt, ohne Schaden zu verursachen.*
7. *Meine Gedanken und Emotionen beobachten und erkennen, dass ich getrennt von ihnen bin.*
8. *Auf Bewusstsein meditieren – und eins werden mit diesem Bewusstsein.*

Diese acht Gebote enthalten die Essenz des Pfades zur Befreiung, vom Grundlegendsten, das ist, keinen Schaden zu verursachen, bis zum höchst Fortgeschrittenen, das ist unbegrenztes Bewusstsein. Nummer sieben und acht stellen zwei grundlegende Arten von Meditation dar, die eine Kern-Praktik sind.

Ich flehe alle erleuchteten Wesen an, die mir vorangegangen sind, meiner in diesem Augenblick gewahr zu sein. Mir zu helfen, diesem Pfad zu folgen, und diese Ziele zu erreichen, damit ich Befreiung erlange und allen Wesen von Nutzen bin.

NACHWORT
Also, welchem Pfad soll ich folgen?

Ich würde den Mittleren Pfad vorschlagen, den Pfad zwischen zwei scheinbar gegensätzlichen Praktiken, dem Streben nach Glückseliger Einheit einerseits, und dem Beobachten der Achtsamkeit im gegenwärtigen Augenblick andererseits. Das heißt nicht, einen der beiden Pfade auszuschließen, denn jeder bietet Segnungen – und am Ende vereinigen sie sich beide zur Erlangung voller Meisterschaft.

Das Kunststück ist jedoch, nicht in die Extreme zu gehen und einen der beiden Pfade zur ultimativen Realität zu machen. Einerseits verschwindet das Bewusstsein des Ego, und du erfährst Gott-Bewusstsein, aber du kannst in der Welt nicht funktionieren, ein Auto fahren, einer Arbeit nachgehen, oder in einer Beziehung sein – denn es ist kein 'Jemand' *da*. Andererseits bist du vollständig geerdet im gegenwärtigen Augenblick, fähig im Alltagsleben zu funktionieren, aber möglicherweise nicht in Kontakt mit der Liebe und Freude der Quelle. Auf dem Pfad wahrer Meisterschaft verschmelzen beide Extreme in Gott-Bewusster Aktion.

Das Konzept dieses mittleren Pfades erwuchs aus der Erfahrung desjenigen, den wir Buddha, den Erwachten nennen, aus jener Zeit, als er ein wandernder Asket war. Als er am Ufer eines Flusses saß, sah er ein Boot, das sich stromaufwärts bewegte. In ihm saß ein Musiker, der eine Sitar stimmte. Der Asket erkannte, dass, wenn der Musiker die Saite schlaff ließe, sie keinen Klang hervorbringen würde, aber wenn er sie zu sehr anspannte, sie reißen würde. Er sah dies als eine Spiegelung seiner eigenen misslichen Lage. Wenn er ein Schlemmer war und seinen Sinnen nachgab, würde sein Geist abstumpfen, aber wenn er zu asketisch war, würde er nicht die Energie haben, um die Illusion zu durchtrennen und Befreiung zu erlangen. Er erkannte, dass er eher erfolgreich sein würde, wenn er in seiner Ernährung und seinen spirituellen Praktiken maßvoll wäre und einem Mittelweg folgte. In diesem Augenblick, so die Geschichte, sah ein vorbeigehendes Mädchen die hagere Erscheinung des Asketen, und sie war inspiriert, ihm die gesüßte Milch anzubieten, die sie vom Markt nach Hause trug. Als er die Spende trank, verlieh ihm diese Energie, und er sah die wahre Natur seines Geistes – frei von allen Konzepten – und erlangte volle Erleuchtung.

Jeder von uns ist dabei, ein Buddha zu werden, während wir aus dem Traum der Dualität zu unserer Wahren Natur erwachen. Was uns schlafen lässt, ist unser Festhalten am Ego, an dessen Begierden und Konzepten. Und warum klammern wir uns daran? Vielleicht, weil das Festhalten an dem uns bekannten Traum sicherer und bequemer erscheint, als in der völligen Freiheit einer völlig neuen Realität zu erwachen – wie Zootiere, die manchmal erschreckt oder verwirrt sind, wenn sie plötzlich aus ihren Käfigen befreit werden.

Welchem Pfad sollen wir nun also folgen? Das Ego findet es leichter zu glauben, dass ein Pfad der richtige, und ein anderer Pfad der falsche ist. Dieselben extremen Ideen gibt es in allen Lebensbereichen, von der Religion bis zur Politik. Es ist viel einfacher, sich an ein Konzept zu klammern und an der Gewissheit festzuhalten, dass man Recht hat, als in offenem, ungebundenem Bewusstsein zu leben, die Gültigkeit vieler Möglichkeiten zu akzeptieren, sich aber an keine zu klammern – denn die ultimative Wahrheit kann nicht auf einem einzigen Pfad gefunden werden, nur in dir Selbst.

Während du als ein Buddha erwachst, wirst du der Gott-Gegenwart gewahr, die in dir und in den höheren Oktaven über dir existiert, während du gleichzeitig deiner Umgebung gewahr bist, und jenen, mit denen du im gegenwärtigen Augenblick in Beziehung stehst. In diesem Bewusstsein rufe die ICH BIN-Gegenwart herbei und sei Meister deiner Welt.

Einer der schläft, kennt nicht den Schläfer. Doch während das Eine erwacht, wird Es Seiner Selbst gewahr, und bringt Seine Freude zum Ausdruck im OM. Weiter erwacht, erkennt Es Sich Selbst als ICH, dann wünscht Es, Sich als BIN zu manifestieren. Auf diese Weise wird Dualität geboren, und ein Selbst, das Erfahrung erschafft, Ursache und Wirkung, mit deren verschiedenen Lektionen. Sind diese einmal gelernt, kehrt die Seele wieder zurück zur Quelle, und kennt Sich Selbst als Wesen...Bewusstsein... und Glückseligkeit.

Peter Mt. Shasta

Halte nicht bloße Worte für die Bedeutung der Lehren. Verbinde die Praxis mit deinem eigenen Wesen und erlange Befreiung von Samsara jetzt sofort!

– Padmasambhava

Peter Mt. Shasta

WEITERE BÜCHER VON PETER MT. SHASTA

Abenteuer eines Westlichen Mystikers - Band 1: Suche nach dem Guru, Bod, 2015

Abenteuer eines Westlichen Mystikers - Band 2: Im Dienst der Meister, BoD, 2016

Lady Master Pearl: In Erinnerung an meine Lehrerin Pearl Dorris, BoD, 2016

Schritt für Schritt. Reden der Aufgestiegenen Meister, BoD, 2016

In Tibet auf der Suche nach dem geheimnisvollen wunscherfüllenden Juwel, BoD, 2017

ICH BIN der Lebendige Christus - die Lehren von Jesus Christus: Aufbereitet von Peter Mt. Shasta, BoD, 2017

ICH BIN die Offene Tür: Reden der Aufgestiegenen Meister, BoD, 2018

ICH BIN Affirmationen und das Geheimnis ihrer erfolgreichen Anwendung, BoD, 2019

ICH BIN die Violette Tara: Göttin der Vergebung und Freiheit, BoD, 2020

ICH BIN die Violette Tara in Aktion; Unterricht in Meisterschaft, BoD, 2021

Es ist was es ist: Weitere Abenteuer eines Westlichen Mystikers, BoD, 2021

Der 16. Karmapa verschmilzt mit seinem
Regenbogenkörper, während er den Buddha des
Unendlichen Mitgefühls anruft. San Francisco, ca. 1970,
kurz bevor er die Zeremonie der Schwarzen Krone
vornimmt.